DUDEN-
Schülerhilfen
Brüche

DUDEN-Schülerhilfen

Deutsch
Rechtschreibung 1
(2. und 3. Schuljahr)

Rechtschreibung 2
(3. und 4. Schuljahr)

Mathematik
Brüche
(6. und 7. Schuljahr)

Textgleichungen I
(8. Schuljahr)

Weitere Bände sind in Vorbereitung.

DUDEN-Schülerhilfen

Brüche
(6. und 7. Schuljahr)

von Hans Borucki
mit Illustrationen von Hans Ibelshäuser

Bibliographisches Institut Mannheim/Wien/Zürich
Dudenverlag

CIP-Kurztitelaufnahme der Deutschen Bibliothek

Duden-Schülerhilfen. - Mannheim; Wien; Zürich:
Bibliographisches Institut
Mathematik/von Hans Borucki.
Brüche/ (6. und 7. Schulj.). - 1985.
ISBN 3-411-02600-6
NE: Borucki, Hans [Mitverf.]

Satz: Bibliographisches Institut (DIACOS Siemens)
und Mannheimer Morgen Großdruckerei und
Verlag GmbH (Digiset 40 T 30)
Druck: Zechnersche Buchdruckerei, Speyer
Bindearbeit: Pilger-Druckerei GmbH, Speyer
Printed in Germany
ISBN 3-411-02600-6

Vorwort

Selbst Johann Wolfgang von Goethe, der sonst so kluge und gebildete Geheimrat aus Weimar, hatte ganz offensichtlich Probleme mit der Bruchrechnung.
Wie es sich für einen Dichter seines Ranges ziemt, hat er sie in Verse gegossen und diese einer seiner Figuren, dem teuflischen Mephisto, in den Mund gelegt:

> Und merk dir ein für allemal
> Den wichtigsten von allen Sprüchen:
> Es liegt dir kein Geheimnis in der Zahl,
> Allein ein großes in den Brüchen.

Hier irrt Goethe!
Brüche *sind* Zahlen und haben, wie diese, nichts Geheimnisvolles an sich.
Allerdings zeigt die Erfahrung, daß es zahlreichen Schülern ähnlich geht wie dem großen Herrn Goethe: Sie haben Probleme mit der Bruchrechnung.
Jeder Mathematiklehrer und auch viele leidgeprüfte Eltern wissen es: Schulisches Scheitern im Fach Mathematik ist in den allermeisten Fällen auf fehlende Kenntnisse in der Bruchrechnung zurückzuführen. Teure Nachhilfestunden zum Auffüllen dieser Wissenslücken sind dabei in der Regel gar nicht erforderlich.
Üben genügt!
Und aufs Üben ist dieser Band angelegt.
Der Unterrichtsstoff wird in kleinen Portionen mit Hilfe anschaulicher Beispiele dargestellt und vermittelt. Zahlreiche vollständig durchgerechnete Aufgaben schließen sich an. Sie leiten über zu umfangreichen Aufgabenblocks, in denen der Schüler genügend Gelegenheit zum Einüben des behandelten Stoffes findet.
Ein kurzer Test am Ende eines jeden Kapitels ermöglicht die objektive Überprüfung des Lernerfolgs.
Die Lösungen der einzelnen Aufgaben befinden sich auf den Seiten 84–96.
Goethe wird es sich gefallen lassen müssen, daß wir sein eingangs zitiertes pessimistisches Dichterwort hier nicht unwidersprochen stehenlassen können.
Um der Wahrheit die Ehre und dem Lernenden den zum Erfolg erforderlichen Mut zu geben, müßte die letzte Zeile lauten:

> *und kein Geheimnis* in den Brüchen.

Mellrichstadt, im Frühjahr 1985 — Hans Borucki

Inhaltsverzeichnis

1. Kapitel

Bruchteile und Brüche

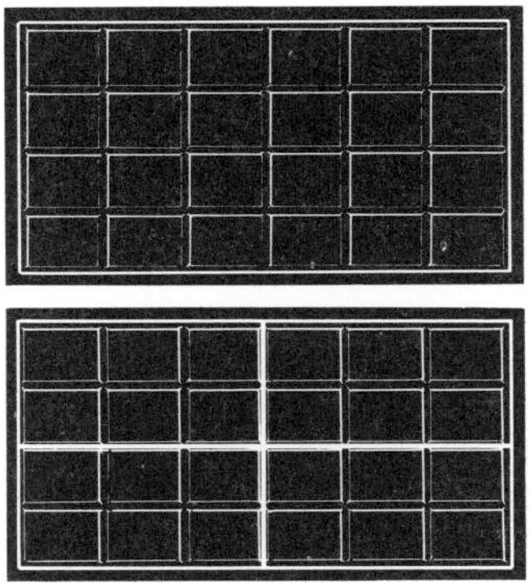

Du sollst eine Tafel Schokolade mit deinen Freunden teilen.
Das, was geteilt wird, nennen wir das *Ganze*.

Ihr seid zu viert.
Du teilst also die Tafel (das Ganze) in vier gleiche Teile.
Jeden dieser Teile bezeichnen wir als ein Viertel $\left(\text{geschrieben: } \frac{1}{4}\right)$ des Ganzen.

Jeder von euch bekommt einen dieser vier gleichen Teile.
Du bekommst einen Teil, deine drei Freunde bekommen zusammen drei Teile.
Das sind:

$\frac{1}{4}$ für dich und $3 \cdot \frac{1}{4} = \frac{3}{4}$ für deine Freunde.

$\frac{1}{4}$ und $\frac{3}{4}$ sind Brüche.

Mit Brüchen bezeichnet man Teile von Ganzen.
Ein Bruch besteht aus zwei Zahlen, die durch einen Bruchstrich voneinander getrennt sind.
Die Zahl *über* dem Bruchstrich heißt *Zähler*.
Die Zahl *unter* dem Bruchstrich heißt *Nenner*.

$\frac{3}{4}$ — 3 ← Das ist der Zähler; 4 ← Das ist der Nenner

Der Nenner gibt an, in wie viele gleiche Teile das Ganze geteilt werden soll.
Der Zähler gibt an, wie viele von diesen gleichen Teilen genommen und zusammengefaßt werden sollen.

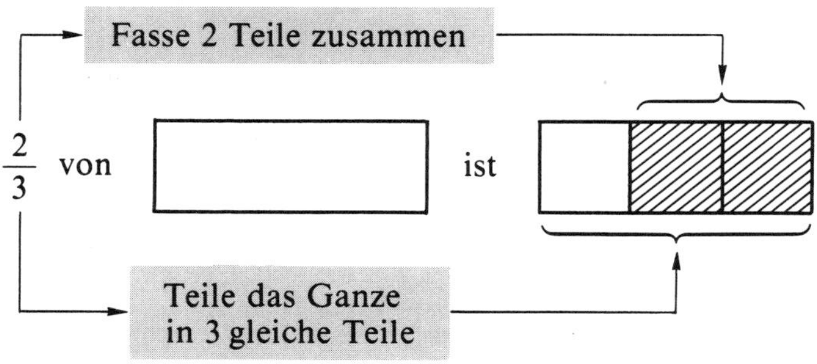

Weitere Beispiele:

$\frac{5}{8}$ von 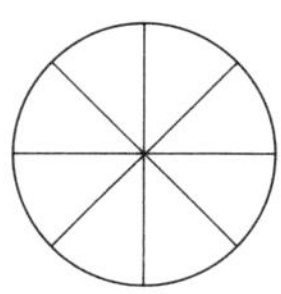 ist 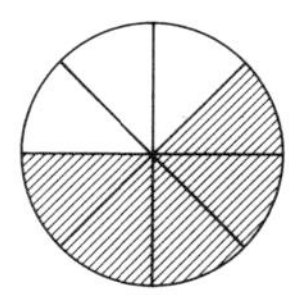

$\frac{7}{7}$ von 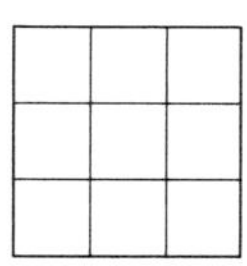 ist 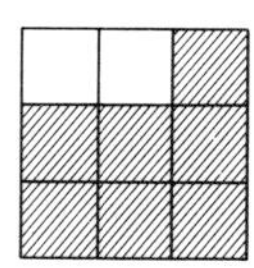

1. Aufgabe: Konstruiere die zugehörige Figur.

a) $\frac{3}{5}$ von 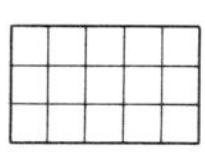

b) $\frac{3}{4}$ von 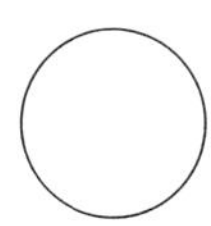

c) $\frac{5}{9}$ von 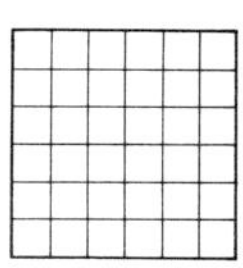

d) $\frac{7}{8}$ von 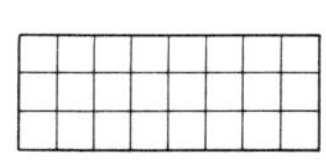

e) $\frac{5}{8}$ von 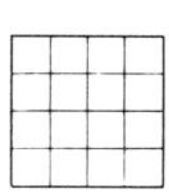

f) $\frac{11}{18}$ von 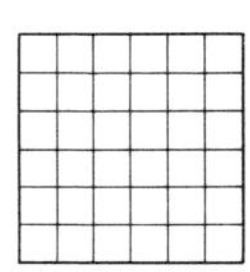

g) $\frac{1}{6}$ von 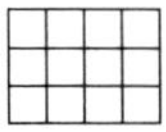

h) $\frac{7}{12}$ von 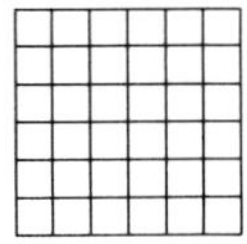

i) $\frac{4}{15}$ von 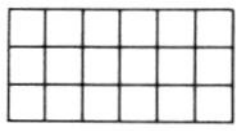

k) $\frac{5}{6}$ von 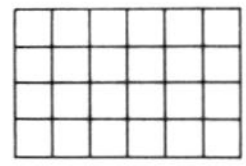

In der folgenden Aufgabe ist jeweils eine Teilungsfigur gegeben. Ermittelt werden soll der Bruch, der zu dieser Figur führt.
Überlege so:

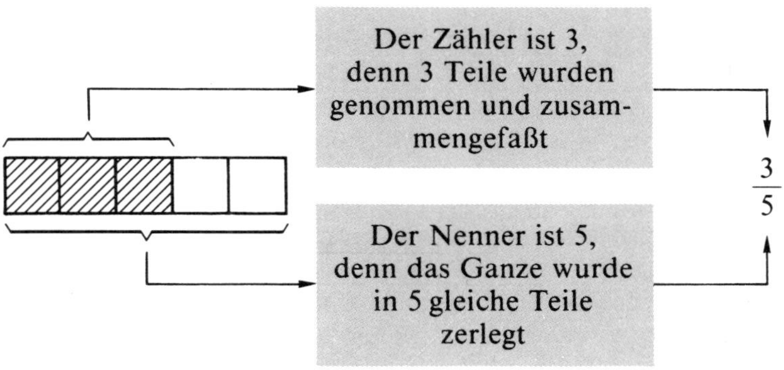

Weitere Beispiele:

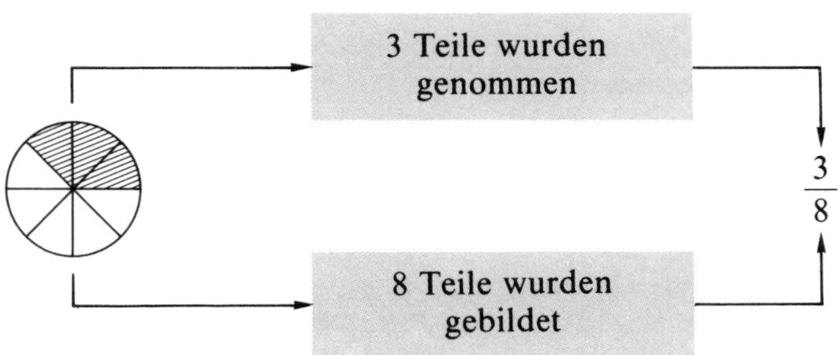

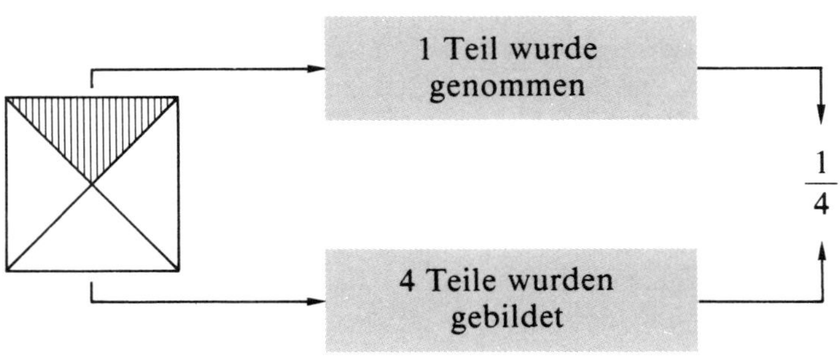

2. Aufgabe: Bestimme den zugehörigen Bruch. Vergewissere dich in jedem Fall zuerst, ob das Ganze auch wirklich in *gleiche* Teile geteilt wurde.

a) 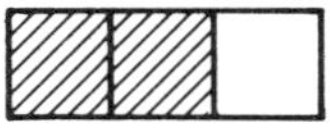

b) 

c) 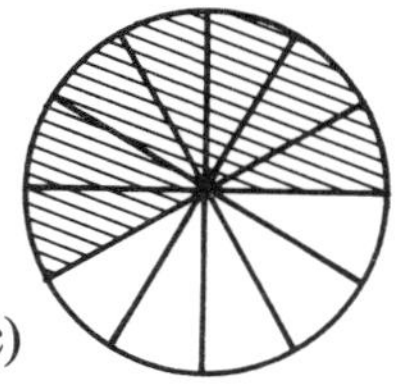

d) 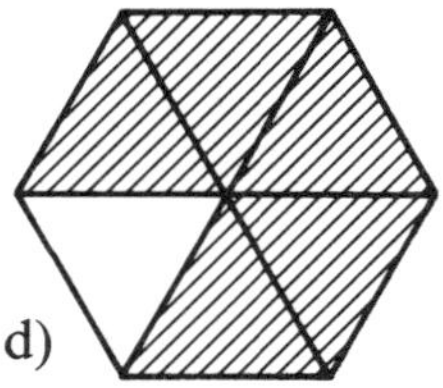

e) 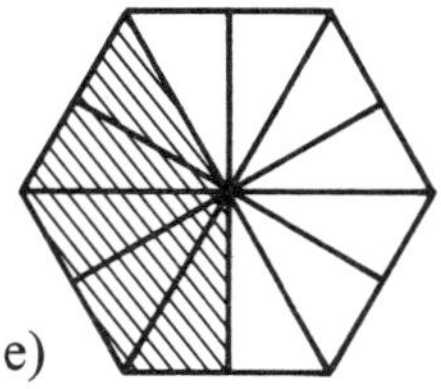

f) 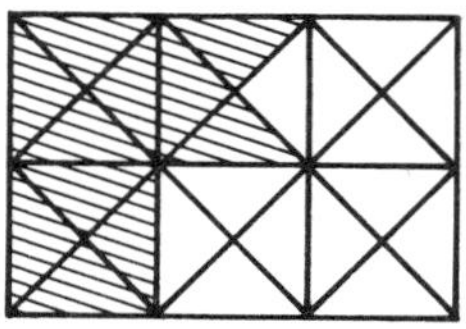

g) 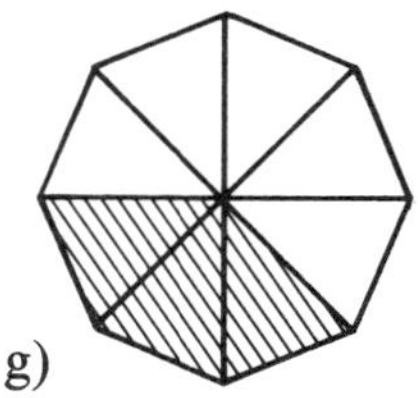

h) 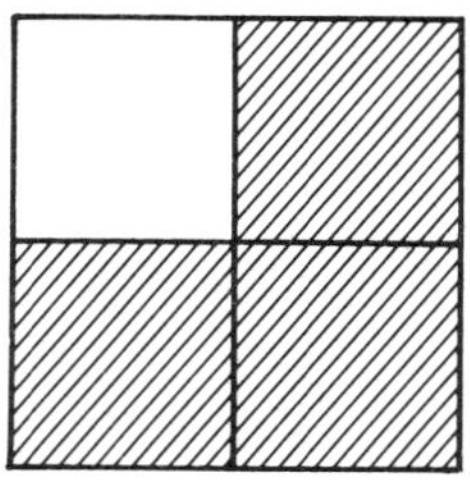

i) 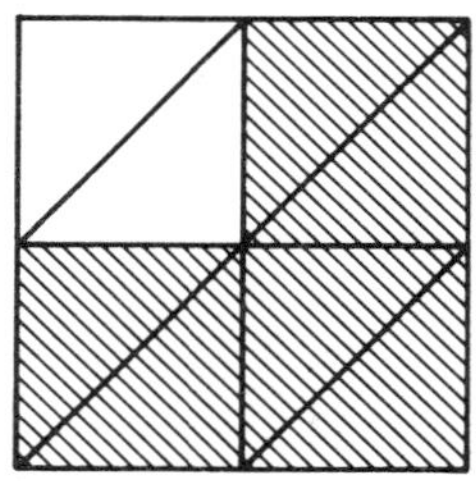

k) 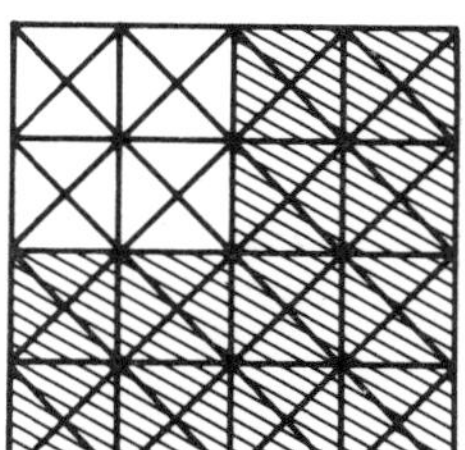

l) 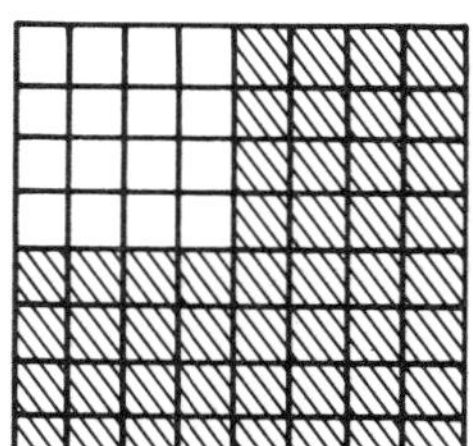

Bisher haben wir als das Ganze stets geometrische Figuren, wie z. B. Kreise, Rechtecke oder Quadrate gewählt. Das war so schön anschaulich.
Jetzt aber wollen wir einmal als Ganze nicht mehr derartige geometrische Figuren, sondern *Größen* nehmen. Eine Größe besteht aus *Maßzahl* und *Maßeinheit:*

Das sind die Maßzahlen

3 DM; 5 kg; 7 m; 2 Min.; 6 ha

Das sind die Maßeinheiten

Beispiel: Peter bekommt monatlich 45 DM Taschengeld.

$\frac{2}{5}$ davon spart er. Wieviel DM sind das?

Du mußt jetzt also $\frac{2}{5}$ von 45 DM berechnen.

Überlege so:

Das *Ganze* sind die 45 DM.

45 DM

Der *Nenner* des Bruches gibt an, in wie viele gleiche Teile das Ganze zu teilen ist.

Der Nenner ist 5.
Du mußt also rechnen:

45 DM : 5 = 9 DM.

9 DM	9 DM	9 DM	9 DM	9 DM

Der *Zähler* gibt an, wie viele der so entstandenen Teile zusammengefaßt werden sollen.
Der Zähler ist 2.
Du mußt also rechnen:

9 DM · 2 = 18 DM.

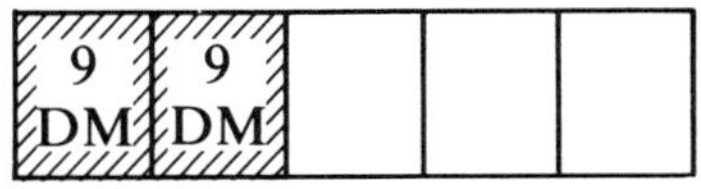

Damit hast du das gesuchte Ergebnis erhalten:

$\frac{2}{5}$ von 45 DM = 18 DM.

Peter spart monatlich 18 DM.

Und so hast du gerechnet:

Fasse 2 Teile zusammen

$\frac{2}{5}$ von 45 DM = (45 DM **: 5**) **· 2** = 9 DM · 2 = 18 DM

Teile das Ganze in 5 gleiche Teile

Weitere Beispiele:

$\frac{3}{8}$ von 56 m = (56 m **: 8**) **· 3** = 7 m · 3 = 21 m

$\frac{3}{7}$ von 497 m = (497 m **: 7**) **· 3** = 71 m · 3 = 213 m

$\frac{5}{9}$ von 1431 kg = (1431 kg **: 9**) **· 5** = 159 kg · 5 = 795 kg

$\frac{11}{15}$ von 420 Min. = (420 Min. **: 15**) **· 11** = 28 Min. · 11 = 308 Min.

3. Aufgabe: Berechne.

a) $\frac{3}{5}$ von 135 DM b) $\frac{7}{8}$ von 208 m c) $\frac{3}{11}$ von 737 kg

d) $\frac{2}{3}$ von 123 Min. e) $\frac{4}{9}$ von 2313 m^2 f) $\frac{5}{12}$ von 672 dm^3

g) $\frac{17}{100}$ von 3200 kg h) $\frac{7}{10}$ von 6370 m i) $\frac{4}{25}$ von 3775 DM

k) $\frac{173}{185}$ von 1295 kg l) $\frac{323}{555}$ von 12210 m m) $\frac{7}{213}$ von 5112 m

n) $\frac{4}{97}$ von 8051 kg o) $\frac{93}{125}$ von 4625 DM p) $\frac{36}{77}$ von 5929 m^2

Du sollst

$\frac{2}{3}$ von 2 Stunden

berechnen.
Da du 2 Stunden nicht durch 3 teilen kannst, mußt du die Stunden zunächst einmal in Minuten umwandeln. Du mußt also rechnen:

$$\frac{2}{3} \text{ von 2 Stunden} = \frac{2}{3} \text{ von 120 Min.} = (120 : \mathbf{3}) \cdot \mathbf{2} = 80 \text{ Min.}$$
$$= 1 \text{ Std. } 20 \text{ Min.}$$

Weitere Beispiele:

$$\frac{5}{18} \text{ von 9 m} = \frac{5}{18} \text{ von 900 cm} = (900 \text{ cm} : \mathbf{18}) \cdot \mathbf{5} =$$
$$= 2 \text{ m } 50 \text{ cm}$$

$$\frac{7}{12} \text{ von 3 kg} = \frac{7}{12} \text{ von 3000 g} = (3000 \text{ g} : \mathbf{12}) \cdot \mathbf{7} = 1750 \text{ g} =$$
$$= 1 \text{ kg } 750 \text{ g}$$

$$\frac{4}{15} \text{ von 6 m}^2 = \frac{4}{15} \text{ von 600 dm}^2 = (600 \text{ dm}^2 : \mathbf{15}) \cdot \mathbf{4} = 160 \text{ dm}^2 =$$
$$= 1 \text{ m}^2\ 60 \text{ dm}^2$$

Und so wird umgerechnet:

1 Tag = 24 Stunden
1 Stunde = 60 Minuten = 3 600 Sekunden
1 m = 10 dm = 100 cm = 1 000 mm
1 m^2 = 100 dm^2 = 10 000 cm^2 = 1 000 000 mm^2
1 m^3 = 1 000 dm^3 = 1 000 000 cm^3 = 1 000 000 000 mm^3
1 kg = 1 000 g = 1 000 000 mg

4. Aufgabe: Berechne.

a) $\frac{3}{5}$ von 3 Std. b) $\frac{11}{15}$ von 50 Min. c) $\frac{5}{18}$ von 3 Tagen

d) $\frac{10}{21}$ von 14 Min. e) $\frac{3}{16}$ von 4 Tagen f) $\frac{9}{25}$ von 30 Std.

g) $\frac{3}{8}$ von 5 kg h) $\frac{7}{15}$ von 12 m i) $\frac{23}{24}$ von 18 m^2

k) $\frac{25}{48}$ von 9 dm^2 l) $\frac{17}{96}$ von 3 m^3 m) $\frac{17}{96}$ von 6 Std.

n) $\frac{17}{180}$ von 12 Tagen o) $\frac{33}{125}$ von 4 m p) $\frac{175}{448}$ von 28 m^3

Statt $\frac{2}{3}$ von 1 Stunde schreibt man $\frac{2}{3}$ Stunden.

Statt $\frac{4}{5}$ von 1 m schreibt man $\frac{4}{5}$ m.

Statt $\frac{7}{8}$ von 1 kg schreibt man $\frac{7}{8}$ kg.

Wenn du also ausrechnen sollst, wieviel Gramm $\frac{7}{8}$ kg sind, dann mußt du so vorgehen:

$$\frac{7}{8}\text{ kg} = \frac{7}{8}\text{ von 1 kg} = \frac{7}{8}\text{ von 1 000 g} = (1\,000\text{ g} : \mathbf{8}) \cdot \mathbf{7} = 875\text{ g}$$

Weitere Beispiele:

$$\frac{4}{5}\text{ m} = \frac{4}{5}\text{ von 1 m} = \frac{4}{5}\text{ von 100 cm} = (100\text{ cm} : \mathbf{5}) \cdot \mathbf{4} = 80\text{ cm}$$

$\frac{2}{3}$ Std. = $\frac{2}{3}$ von 1 Std. = $\frac{2}{3}$ von 60 Min. = (60 Min. **: 3**) **· 2** = 40 Min.

$\frac{9}{16}$ m^2 = $\frac{9}{16}$ von 1 m^2 = $\frac{9}{16}$ von 10 000 cm^2 = (10 000 cm^2 **: 16**) **· 9** =

= 5 625 cm^2

5. Aufgabe: Gib in der in Klammern stehenden Einheit an.

a) $\frac{3}{4}$ Std. [Min.]	b) $\frac{3}{4}$ Tage [Std.]	c) $\frac{7}{8}$ m [mm]
d) $\frac{24}{25}$ DM [Pfg.]	e) $\frac{3}{5}$ m^2 [dm^2]	f) $\frac{3}{20}$ kg [g]
g) $\frac{5}{12}$ Std. [Min.]	h) $\frac{7}{8}$ Tage [Std.]	i) $\frac{4}{125}$ kg [g]
k) $\frac{13}{32}$ m^3 [cm^3]	l) $\frac{7}{80}$ m^2 [cm^2]	m) $\frac{13}{20}$ m [cm]
n) $\frac{17}{125}$ dm^2 [mm^2]	o) $\frac{5}{12}$ Min. [Sek.]	p) $\frac{4}{15}$ Std. [Sek.]
q) $\frac{23}{48}$ Tage [Min.]	r) $\frac{17}{200}$ kg [g]	s) $\frac{3}{15}$ Tage [Min.]
t) $\frac{7}{30}$ Std. [Min.]	u) $\frac{23}{125}$ m^3 [dm^3]	v) $\frac{5}{24}$ Std. [Sek.]
w) $\frac{5}{18}$ Tage [Min.]	x) $\frac{17}{48}$ Std. [Sek.]	y) $\frac{5}{64}$ m^2 [mm^2]
z) $\frac{5}{64}$ m^3 [cm^3]		

Da sie eine größere Anschaffung plant, legt Andrea von ihrem Taschengeld jeden Monat 12 DM auf die hohe Kante. Diese 12 DM machen gerade $\frac{2}{5}$ ihres monatlichen Taschengeldbetrages aus. Wie hoch ist dieser?

$\frac{2}{5}$ von [?] = 12 DM

Überlege so:
Der monatliche Taschengeldbetrag ist das unbekannte Ganze.

Es wurde in **5** Teile zerlegt

2 dieser Teile ergeben zusammen 12 DM.

Einer dieser Teile ergibt 12 DM : **2** = 6 DM.

Das unbekannte Ganze besteht aus **5** dieser Teile.

Das Ganze ist 6 DM · **5** = 30 DM.

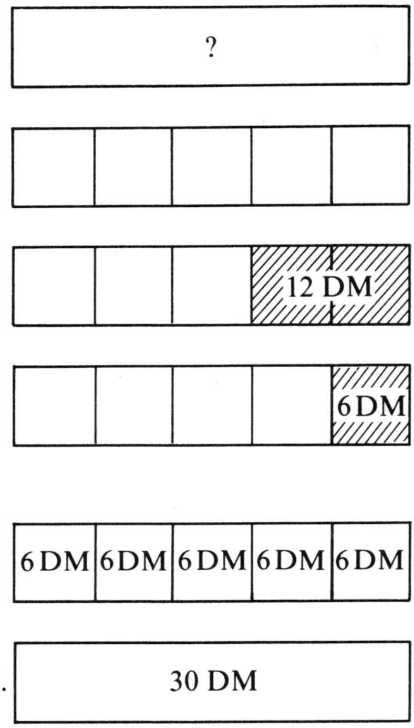

Und so hast du gerechnet:

$\frac{2}{5}$ von [ ] = 12 DM

(12 DM : **2**) · **5** = 30 DM

Der monatliche Taschengeldbetrag ist 30 DM.
Probe:

$\frac{2}{5}$ von [30 DM] = (30 : **5**) · **2** = 12 DM.

Weitere Beispiele:

$\frac{7}{8}$ von $\square$ = 35 m

(35 m : **7**) · **8** = 40 m

$\frac{12}{13}$ von $\square$ = 84 DM

(84 DM : **12**) · **13** = 91 DM

6. Aufgabe: Fülle die Leerstelle aus.

a) $\frac{3}{5}$ von $\square$ = 27 m

b) $\frac{6}{11}$ von $\square$ = 42 DM

c) $\frac{5}{6}$ von $\square$ = 35 kg

d) $\frac{2}{7}$ von $\square$ = 86 m

e) $\frac{11}{32}$ von $\square$ = 77 DM

f) $\frac{4}{9}$ von $\square$ = 72 kg

g) $\frac{7}{12}$ von $\square$ = 105 km

h) $\frac{12}{25}$ von $\square$ = 36 m^2

i) $\frac{25}{38}$ von $\square$ = 175 DM

k) $\frac{18}{50}$ von $\square$ = 126 m^2

l) $\frac{13}{100}$ von $\square$ = 78 kg

m) $\frac{5}{8}$ von $\square$ = 135 DM

n) $\frac{8}{50}$ von $\square$ = 96 km

o) $\frac{10}{33}$ von $\square$ = 250 kg

p) $\frac{9}{35}$ von $\square$ = 135 DM

q) $\frac{12}{125}$ von $\square$ = 144 m

r) $\frac{7}{34}$ von $\square$ = 84 kg

s) $\frac{13}{14}$ von $\square$ = 169 DM

Du sollst in der Aussageform

$\frac{\square}{7}$ von 35 kg = 15 kg den fehlenden Zähler ergänzen.

Überlege so:
Die 35 kg sind das Ganze.

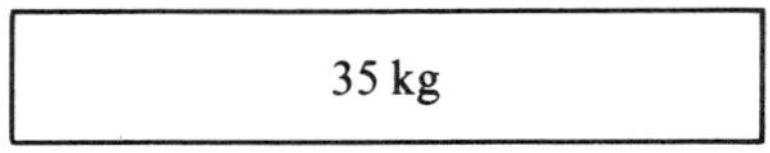

Es wurde in 7 gleiche Teile zerlegt. Jeder dieser Teile beträgt **35 kg : 7** = 5 kg.

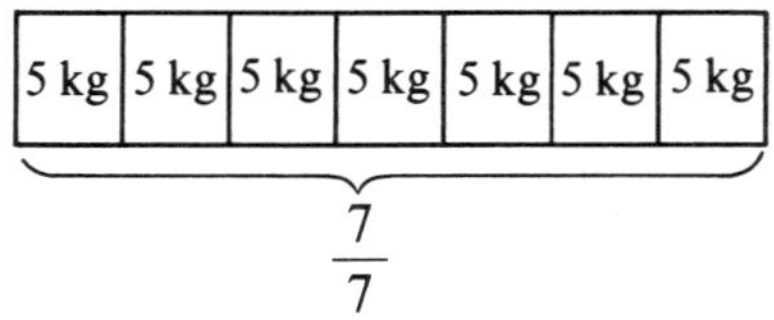

5 kg sind in 15 kg dreimal enthalten, denn 15 kg : 5 kg = 3. Also wurden 3 Teile zusammengefaßt.

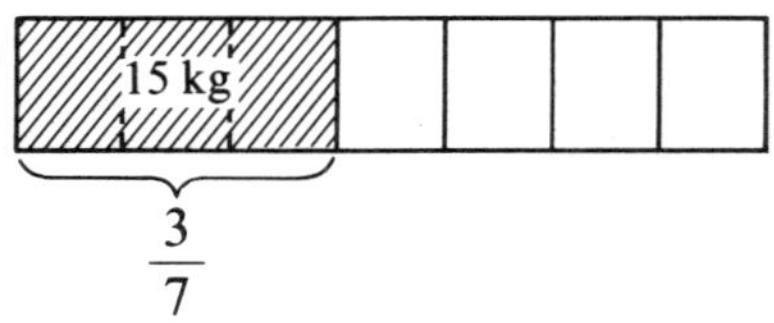

Der gesuchte Zähler ist 3.

Und so hast du gerechnet:

$\frac{\square}{7}$ von 35 kg = 15 kg

15 kg : (**35 kg : 7**) = 15 kg : 5 kg = 3

Probe:

$\frac{3}{7}$ von 35 kg = (35 kg **: 7**) **· 3** = 5 kg · 3 = 15 kg

Weitere Beispiele:

1. $\frac{\square}{5}$ von 65 DM = 39 DM

39 DM : (**65 DM : 5**) = 39 DM : 13 DM = 3

2. $\frac{\square}{12}$ von 108 m = 45 m

45 m : (**108 m : 12**) = 45 m : 9 m = 5

7. Aufgabe: Ergänze den fehlenden Zähler. (Mache stets auch die Probe!)

a) $\frac{\square}{4}$ von 36 kg = 27 kg

b) $\frac{\square}{8}$ von 48 DM = 30 DM

c) $\frac{\square}{7}$ von 63 m = 36 m

d) $\frac{\square}{15}$ von 135 Min. = 36 Min.

e) $\frac{\square}{5}$ von 85 DM = 51 DM

f) $\frac{\square}{11}$ von 187 m^2 = 51 m^2

g) $\frac{\square}{3}$ von 336 kg = 224 kg

h) $\frac{\square}{12}$ von 144 DM = 108 DM

i) $\frac{\square}{21}$ von 189 m = 81 m

k) $\frac{\square}{17}$ von 306 kg = 270 kg

l) $\frac{\square}{16}$ von 400 dm = 175 dm

m) $\frac{\square}{25}$ von 1 000 DM = 520 DM

n) $\frac{\square}{19}$ von 684 m^2 = 432 m^2

o) $\frac{\square}{45}$ von 1 260 DM = 924 DM

p) $\frac{\square}{50}$ von 3 500 kg = 1 190 kg

q) $\frac{\square}{22}$ von 1 386 km = 1 071 kg

r) $\frac{\square}{28}$ von 1 568 m = 1 400 m

s) $\frac{\square}{19}$ von 1 691 DM = 1 335 DM

Du sollst in der Aussageform

$$\frac{5}{\square} \text{ von } 72\,\text{m} = 45\,\text{m}$$ den fehlenden Nenner ergänzen.

Überlege so:

Bei den 45 m

handelt es sich um 5 der gleichen Teile, in die das Ganze zerlegt wurde. Jeder Teil beträgt also
$45\,\text{m} : 5 = 9\,\text{m}$

Das Ganze sind die 72 m.
9 m sind in 72 m achtmal enthalten, weil $72\,\text{m} : 9\,\text{m} = 8$.

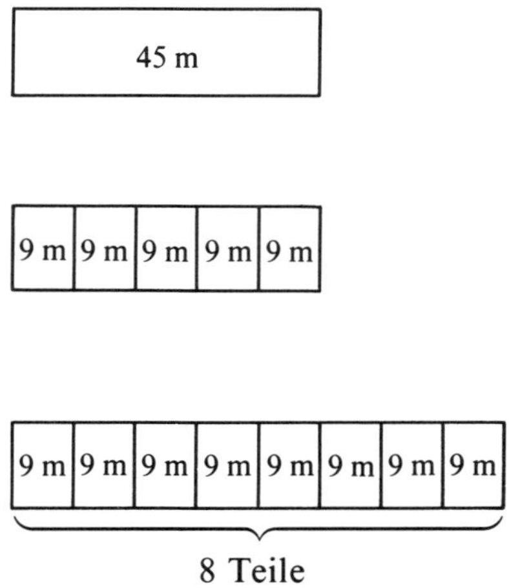

Das Ganze besteht also aus 8 Teilen zu je 9 m.

Der gesuchte Nenner ist 8.

Und so hast du gerechnet:

$$\frac{5}{\square} \text{ von } 72\,\text{m} = 45\,\text{m}$$

$$72\,\text{m} : (45\,\text{m} : 5) = 72\,\text{m} : 9\,\text{m} = 8$$

Probe:

$$\frac{5}{8} \text{ von } 72\,\text{m} = (72\,\text{m} : 8) \cdot 5 = 9\,\text{m} \cdot 5 = 45\,\text{m}$$

Weitere Beispiele:

$$\frac{8}{\square} \text{ von } 99\,\text{kg} = 72\,\text{kg}$$

$$99\,\text{kg} : (72\,\text{kg} : \mathbf{8}) = 99\,\text{kg} : 9\,\text{kg} = 11$$

$$\frac{12}{\square} \text{ von } 400\,\text{DM} = 192\,\text{DM}$$

$$400\,\text{DM} : (192\,\text{DM} : \mathbf{12}) = 400\,\text{DM} : 16\,\text{DM} = 25$$

8. Aufgabe: Ergänze den fehlenden Nenner. (Mache stets auch die Probe!)

a) $\frac{3}{\square}$ von 45 kg = 27 kg

b) $\frac{7}{\square}$ von 56 m = 63 m

c) $\frac{5}{\square}$ von 54 DM = 30 DM

d) $\frac{4}{\square}$ von 161 km = 92 km

e) $\frac{12}{\square}$ von 425 Min. = 300 Min.

f) $\frac{10}{\square}$ von 672 kg = 320 kg

g) $\frac{8}{\square}$ von 240 m = 128 m

h) $\frac{6}{\square}$ von 132 t = 72 t

i) $\frac{7}{\square}$ von 484 m^2 = 154 m^2

k) $\frac{13}{\square}$ von 676 Min. = 338 Min.

l) $\frac{11}{\square}$ von 2 057 km = 1 331 km

m) $\frac{15}{\square}$ von 1 968 kg = 1 845 kg

n) $\frac{25}{\square}$ von 5 472 DM = 3 600 DM

o) $\frac{14}{\square}$ von 5 550 t = 3 108 t

p) $\frac{22}{\square}$ von 575 Min. = 506 Min.

q) $\frac{25}{\square}$ von 4 560 kg = 2 000 kg

Zusammenfassung

Das hast du im 1. Kapitel gelernt:	
1. Ein Bruch besteht aus dem *über* dem Bruchstrich stehenden *Zähler* und dem *unter* dem Bruchstrich stehenden *Nenner*.	$\frac{z}{n}$; $n \neq 0$
2. Mit Brüchen kann man Teile von Ganzen bezeichnen. Der *Nenner* gibt an, in wie viele gleiche Teile das Ganze zerlegt wird, der *Zähler* gibt an, wie viele dieser Teile zusammengefaßt werden.	$\frac{z}{n}$ von $g = (g : n) \cdot z$
Merke: Da man das Ganze nicht in Null gleiche Teile zerlegen kann, ist ein Bruch mit dem Nenner Null ein sinnloses Gebilde. Deshalb setzen wir fest:	

Mit Hilfe des folgenden Tests kannst du überprüfen, ob du den Stoff des 1. Kapitels verstanden hast und seine Anwendung beherrschst. Wenn du mehr als 7 Fehler machst, dann solltest du das 1. Kapitel noch einmal durcharbeiten.

Test zum 1. Kapitel

1. Berechne.

a) $\frac{2}{3}$ von 15 m b) $\frac{7}{8}$ von 96 kg c) $\frac{3}{5}$ von 135 Min.

d) $\frac{5}{16}$ von 144 m^2 e) $\frac{3}{19}$ von 228 DM f) $\frac{5}{9}$ von 12 Tagen

g) $\frac{9}{16}$ von 6 m h) $\frac{8}{15}$ von 3 kg i) $\frac{15}{24}$ von 3 m^2

k) $\frac{11}{20}$ von 4 m^3

2. Schreibe mit der in Klammern stehenden Einheit.

a) $\frac{2}{3}$ Min. [Sek.] b) $\frac{7}{8}$ kg [g] c) $\frac{5}{12}$ Tage [Std.]

d) $\frac{7}{15}$ Std. [Min.] e) $\frac{5}{8}$ m [mm]

3. Fülle die Leerstellen aus.

a) $\frac{2}{5}$ von $\square$ = 14 m b) $\frac{\square}{5}$ von 95 kg = 57 kg

c) $\frac{7}{\square}$ von 72 kg = 63 kg d) $\frac{\square}{5}$ m = 60 cm

e) $\frac{3}{8}$ von $\square$ = 36 kg f) $\frac{\square}{7}$ von 105 Min. = 90 Min.

g) $\frac{4}{\square}$ von 279 m = 124 m h) $\frac{7}{\square}$ kg = 875 g

i) $\frac{9}{14}$ von $\square$ = 117 DM k) $\frac{\square}{12}$ von 288 m = 168 m

l) $\frac{2}{\square}$ von 136 Min. = 16 Min. m) $\frac{\square}{18}$ Std. = 1 400 Sek.

n) $\frac{7}{16}$ von $\square$ = 126 m^2 o) $\frac{\square}{8}$ von 144 m^2 = 90 m^2

p) $\frac{8}{\square}$ von 225 DM = 200 DM q) $\frac{\square}{9}$ Tage = 800 Min.

r) $\frac{11}{12}$ von $\square$ = 154 Min. s) $\frac{\square}{17}$ von 187 DM = 44 DM

t) $\frac{5}{\square}$ von 165 DM = 75 DM u) $\frac{3}{\square}$ m = 375 mm

2. Kapitel

Erweitern und Kürzen von Brüchen

Wer hat recht? Alle haben recht!

Denn:

$$\frac{3}{4} \text{ von } 24 \text{ kg} = (24 \text{ kg} : 4) \cdot 3 = 6 \text{ kg} \cdot 3 = 18 \text{ kg}$$

$$\frac{6}{8} \text{ von } 24 \text{ kg} = (24 \text{ kg} : 8) \cdot 6 = 3 \text{ kg} \cdot 6 = 18 \text{ kg}$$

$$\frac{9}{12} \text{ von } 24 \text{ kg} = (24 \text{ kg} : 12) \cdot 9 = 2 \text{ kg} \cdot 9 = 18 \text{ kg}$$

$$\frac{18}{24} \text{ von } 24 \text{ kg} = (24 \text{ kg} : 24) \cdot 18 = 1 \text{ kg} \cdot 18 = 18 \text{ kg}$$

Im Bild sieht das so aus:

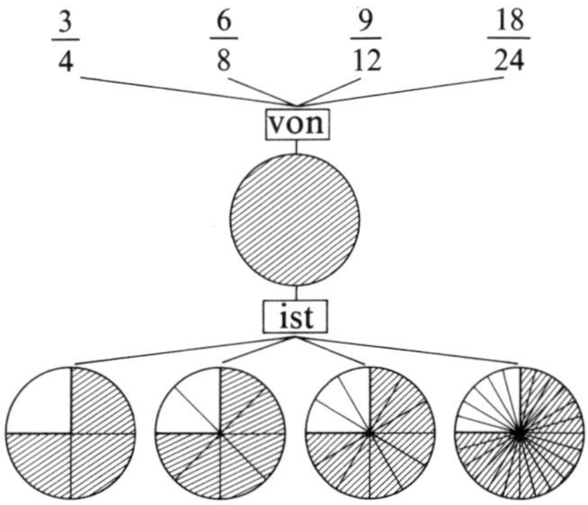

Die Brüche $\frac{3}{4}$, $\frac{6}{8}$, $\frac{9}{12}$ und $\frac{18}{24}$ bezeichnen jeweils den gleichen Teil des Ganzen.

Die Brüche $\frac{3}{4}$, $\frac{6}{8}$, $\frac{9}{12}$ und $\frac{18}{24}$ sind gleich:

$$\frac{3}{4} = \frac{6}{8} = \frac{9}{12} = \frac{18}{24}$$

Aus dem Beispiel entnehmen wir:

Ebenso gilt:

$$\frac{\mathbf{3}}{\mathbf{4}} = \frac{9}{12} = \frac{\mathbf{3 \cdot 3}}{\mathbf{4 \cdot 3}}$$

und

$$\frac{\mathbf{3}}{\mathbf{4}} = \frac{18}{24} = \frac{\mathbf{3 \cdot 6}}{\mathbf{4 \cdot 6}}$$

Allgemein:

$$\frac{a}{b} = \frac{a \cdot n}{b \cdot n}$$

$(b \neq 0;\ n \neq 0)$

Die Multiplikation von Zähler und Nenner eines Bruches mit derselben Zahl bezeichnet man als Erweitern.

Ebenso gilt:

$$\frac{\mathbf{9}}{\mathbf{12}} = \frac{3}{4} = \frac{\mathbf{9:3}}{\mathbf{12:3}}$$

und

$$\frac{\mathbf{18}}{\mathbf{24}} = \frac{3}{4} = \frac{\mathbf{18:6}}{\mathbf{24:6}}$$

Allgemein:

$$\frac{a}{b} = \frac{a:n}{b:n}$$

$(b \neq 0;\ n \neq 0)$

Die Division von Zähler und Nenner eines Bruches durch dieselbe Zahl bezeichnet man als Kürzen.

Brüche, die durch Erweitern oder Kürzen auseinander hervorgehen, sind gleich!

Du sollst den Bruch $\frac{3}{4}$ mit 6 erweitern.

Rechne so:

$$\frac{3}{4} = \frac{3 \cdot 6}{4 \cdot 6} = \frac{18}{24}$$

1. Aufgabe: Erweitere die folgenden Brüche mit 7.

a) $\frac{3}{8}$ b) $\frac{7}{12}$ c) $\frac{5}{9}$ d) $\frac{4}{21}$ e) $\frac{9}{11}$

f) $\frac{12}{17}$ g) $\frac{13}{18}$ h) $\frac{28}{37}$ i) $\frac{45}{92}$ k) $\frac{35}{39}$

2. Aufgabe: Erweitere.

a) $\frac{5}{8}$ mit 6 b) $\frac{5}{9}$ mit 12 c) $\frac{7}{12}$ mit 5 d) $\frac{11}{12}$ mit 8

e) $\frac{4}{13}$ mit 11 f) $\frac{21}{25}$ mit 25 g) $\frac{17}{19}$ mit 9 h) $\frac{8}{15}$ mit 15

i) $\frac{13}{34}$ mit 4 k) $\frac{12}{49}$ mit 30

Du sollst den Bruch $\frac{3}{5}$ durch Erweitern in einen Bruch mit dem Zähler 60 umwandeln.

Überlege so:
Der *ursprüngliche* Nenner ist 5.
Der *neue* Nenner ist 60.
Du mußt also mit $60:5 = 12$ erweitern.

$$\frac{3}{5} = \frac{3 \cdot 12}{60} = \frac{36}{60}$$

Und so hast du gerechnet:

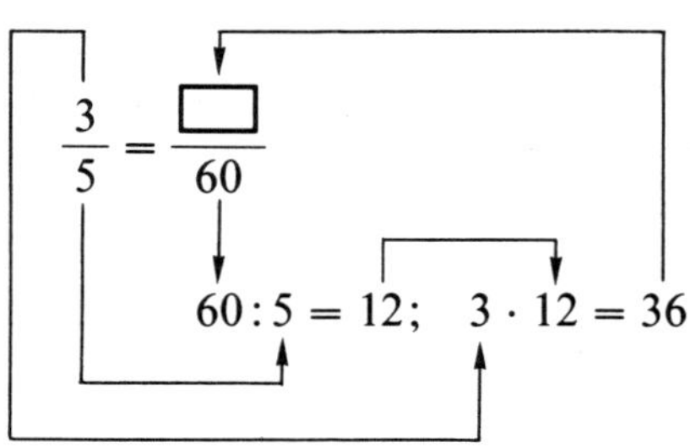

3. Aufgabe: Schreibe die folgenden Brüche mit dem Nenner 60.

a) $\frac{1}{2}$ b) $\frac{3}{4}$ c) $\frac{5}{6}$ d) $\frac{27}{30}$ e) $\frac{4}{15}$

f) $\frac{2}{3}$ g) $\frac{4}{5}$ h) $\frac{7}{20}$ i) $\frac{11}{30}$ k) $\frac{13}{15}$

4. Aufgabe: Schreibe die folgenden Brüche mit dem Nenner 144.

a) $\frac{1}{2}$ b) $\frac{3}{4}$ c) $\frac{7}{8}$ d) $\frac{7}{9}$ e) $\frac{7}{12}$

f) $\frac{13}{16}$ g) $\frac{17}{18}$ h) $\frac{11}{48}$ i) $\frac{13}{24}$ k) $\frac{29}{48}$

5. Aufgabe: Schreibe die folgenden Brüche mit dem *Zähler* 72.

a) $\frac{3}{4}$ b) $\frac{8}{11}$ c) $\frac{18}{25}$ d) $\frac{9}{13}$ e) $\frac{12}{17}$

f) $\frac{36}{55}$ g) $\frac{4}{9}$ h) $\frac{2}{29}$ i) $\frac{6}{11}$ k) $\frac{1}{12}$

6. Aufgabe: Fülle die Leerstellen aus.

a) $\frac{2}{3} = \frac{8}{\square}$ b) $\frac{5}{8} = \frac{\square}{48}$ c) $\frac{5}{9} = \frac{45}{\square}$ d) $\frac{7}{12} = \frac{\square}{144}$

e) $\frac{8}{15} = \frac{72}{\square}$ f) $\frac{9}{11} = \frac{\square}{99}$ g) $\frac{3}{10} = \frac{\square}{80}$ h) $\frac{5}{17} = \frac{\square}{136}$

i) $\frac{5}{17} = \frac{85}{\square}$ k) $\frac{7}{72} = \frac{56}{\square}$ l) $\frac{11}{18} = \frac{\square}{144}$ m) $\frac{15}{34} = \frac{\square}{476}$

n) $\frac{3}{5} = \frac{\square}{25} = \frac{24}{\square} = \frac{\square}{55} = \frac{39}{\square} = \frac{\square}{195} = \frac{114}{\square}$

o) $\frac{2}{3} = \frac{8}{\square} = \frac{\square}{15} = \frac{34}{\square} = \frac{\square}{78} = \frac{122}{\square} = \frac{\square}{252}$

p) $\frac{4}{9} = \frac{\square}{54} = \frac{88}{\square} = \frac{224}{\square} = \frac{\square}{288} = \frac{484}{\square} = \frac{\square}{558}$

q) $\frac{11}{12} = \frac{33}{\square} = \frac{\square}{132} = \frac{132}{\square} = \frac{\square}{108} = \frac{176}{\square} = \frac{\square}{144}$

Der Bruch $\frac{24}{36}$ läßt sich mit 2 kürzen, denn 2 ist sowohl Teiler von 24 als auch Teiler von 36:

$$\frac{24}{36} = \frac{24:2}{36:2} = \frac{12}{18}$$

Der so erhaltene Bruch $\frac{12}{18}$ läßt sich ebenfalls mit 2 kürzen, denn 2 ist gemeinsamer Teiler von 12 und 18:

$$\frac{12}{18} = \frac{12:2}{18:2} = \frac{6}{9}$$

Der so erhaltene Bruch $\frac{6}{9}$ läßt sich mit 3 kürzen, denn 3 ist gemeinsamer Teiler von 6 und 9:

$$\frac{6}{9} = \frac{6:3}{9:3} = \frac{2}{3}$$

Der so erhaltene Bruch $\frac{2}{3}$ läßt sich nicht kürzen, denn Zähler und Nenner haben keinen gemeinsamen Teiler, sie sind teilerfremd.
Sind in einem Bruch Zähler und Nenner teilerfremd, so sagt man:

„Der Bruch hat seine Grundform“

oder:

„Der Bruch ist vollständig gekürzt“.

Und so haben wir den Bruch $\frac{24}{36}$ schrittweise in seine Grundform gebracht:

$$\underbrace{\frac{24}{36} = \frac{12}{18}}_{\text{gekürzt mit 2}} \quad \underbrace{\frac{12}{18} = \frac{6}{9}}_{\text{gekürzt mit 2}} \quad \underbrace{\frac{6}{9} = \frac{2}{3}}_{\text{gekürzt mit 3}}$$

Statt nacheinander mit 2, noch einmal mit 2 und dann mit 3 zu kürzen, wären wir auch durch einmaliges Kürzen mit

$$2 \cdot 2 \cdot 3 = 12$$

zum Ziel gekommen:

$$\frac{24}{36} = \frac{24:12}{36:12} = \frac{2}{3}$$

Der Bruch $\frac{144}{216}$ soll vollständig gekürzt werden.

Schrittweise geht es so:

$$\frac{144}{216} = \frac{72}{108} = \frac{36}{54} = \frac{18}{27} = \frac{6}{9} = \frac{2}{3}$$

gekürzt mit 2 | gekürzt mit 2 | gekürzt mit 2 | gekürzt mit 3 | gekürzt mit 3

Schneller geht es aber so:

$$\frac{144}{216} = \frac{2}{3}$$

gekürzt mit $2 \cdot 2 \cdot 2 \cdot 3 \cdot 3 = 72$

Um beim Kürzen schneller zum Ziel zu kommen, ist es nützlich, sich die folgenden Teilbarkeitsregeln einzuprägen:

Eine Zahl ist durch 2 teilbar, wenn sie auf 0, 2, 4, 6 oder 8 endet.

Eine Zahl ist durch 3 teilbar, wenn ihre Quersumme durch 3 teilbar ist.

Eine Zahl ist durch 4 teilbar, wenn ihre beiden letzten Ziffern 00 sind oder eine durch 4 teilbare Zahl bilden.

Eine Zahl ist durch 5 teilbar, wenn sie auf 0 oder 5 endet.

Eine Zahl ist durch 6 teilbar, wenn sie sowohl durch 2 als auch durch 3 teilbar ist.

Eine Zahl ist durch 8 teilbar, wenn ihre drei letzten Ziffern 000 sind oder eine durch 8 teilbare Zahl bilden.

Eine Zahl ist durch 9 teilbar, wenn ihre Quersumme durch 9 teilbar ist.

Eine Zahl ist durch 12 teilbar, wenn sie sowohl durch 3 als auch durch 4 teilbar ist.

Eine Zahl ist durch 15 teilbar, wenn sie sowohl durch 5 als auch durch 3 teilbar ist.

Eine Zahl ist durch 18 teilbar, wenn sie sowohl durch 2 als auch durch 9 teilbar ist.

Eine Zahl ist durch 25 teilbar, wenn ihre beiden letzten Ziffern 00, 25, 50 oder 75 sind.

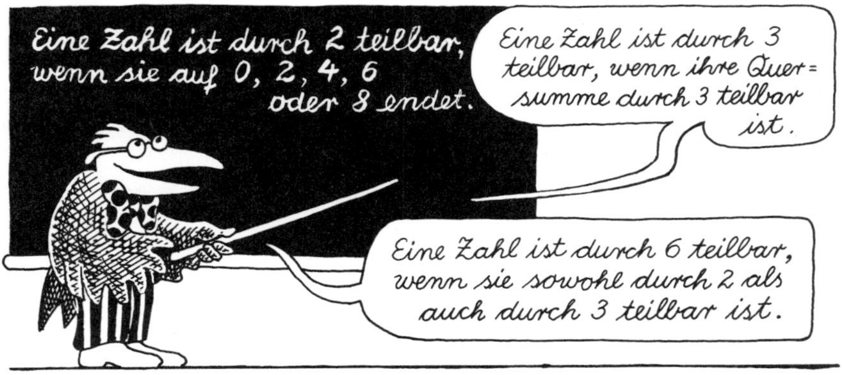

7. Aufgabe: Kürze vollständig. (Du kannst dabei auch in mehreren Schritten vorgehen.)

a) $\frac{6}{8}$	b) $\frac{15}{25}$	c) $\frac{12}{32}$	d) $\frac{27}{45}$	e) $\frac{16}{64}$
f) $\frac{49}{84}$	g) $\frac{24}{60}$	h) $\frac{75}{90}$	i) $\frac{42}{98}$	k) $\frac{51}{85}$
l) $\frac{55}{88}$	m) $\frac{48}{72}$	n) $\frac{36}{144}$	o) $\frac{60}{135}$	p) $\frac{56}{126}$
q) $\frac{28}{84}$	r) $\frac{72}{192}$	s) $\frac{150}{225}$	t) $\frac{135}{180}$	u) $\frac{56}{126}$
v) $\frac{65}{117}$	w) $\frac{112}{128}$	x) $\frac{448}{832}$	y) $\frac{324}{594}$	z) $\frac{560}{728}$

Das Produkt
$8 \cdot 12$
wird durch die Zahl 4 geteilt
$(8 \cdot 12):4$
indem man

das Produkt ausrechnet und dann durch die Zahl 4 teilt:	den 1. Faktor durch die Zahl 4 teilt und das Ergebnis mit dem 2. Faktor multipliziert:	den 2. Faktor durch die Zahl 4 teilt und das Ergebnis mit dem 1. Faktor multipliziert:
$(8 \cdot 12):4 =$	$(8 \cdot 12):4 =$	$(8 \cdot 12):4 =$
$96:4 =$	$(8:4) \cdot 12 =$	$8 \cdot (12:4) =$
24	$2 \cdot 12 =$	$8 \cdot 3 =$
	24	**24**

Vorsicht: Keinesfalls beide Faktoren durch die Zahl 4 dividieren! Du hättest dann das Produkt nicht durch 4 dividiert, sondern durch $4 \cdot 4 = 16$!

Bei der Berechnung von $(12 \cdot 15) : 4$ gibt es nur zwei Möglichkeiten:

$(12 \cdot 15) : 4$

$180 : 4 =$ **45**	$(12 : 4) \cdot 15 =$ $3 \cdot 15 =$ **45**	$12 \cdot (15 : 4)$ geht nicht, weil 15 nicht durch 4 teilbar ist!

Auch bei einem Produkt aus drei oder mehr Faktoren darf *nur einer* der Faktoren dividiert werden:

$(8 \cdot 12 \cdot 16) : 4$

$(8 : 4) \cdot 12 \cdot 16 =$ $2 \cdot 12 \cdot 16 =$ **384**	$8 \cdot (12 : 4) \cdot 16 =$ $8 \cdot 3 \cdot 16 =$ **384**	$8 \cdot 12 \cdot (16 : 4) =$ $8 \cdot 12 \cdot 4 =$ **384**

8. Aufgabe: Berechne auf mindestens zwei verschiedene Arten.

a) $(24 \cdot 18) : 6$
b) $(36 \cdot 24) : 12$
c) $(75 \cdot 90) : 15$
d) $(80 \cdot 96) : 16$
e) $(72 \cdot 120) : 24$
f) $(15 \cdot 25 \cdot 30) : 5$
g) $(27 \cdot 9 \cdot 6) : 3$
h) $(24 \cdot 5 \cdot 48) : 8$
i) $(39 \cdot 25) : 13$
k) $(36 \cdot 12 \cdot 90) : 18$

Bei dem Bruch

$$\frac{8 \cdot 45}{105 \cdot 28}$$

sind Zähler und Nenner unausgerechnete Produkte.
Sollst du diesen Bruch durch Kürzen in die Grundform bringen, so kannst du zuerst multiplizieren:

$$\frac{8 \cdot 45}{105 \cdot 28} = \frac{360}{2940}$$

und danach kürzen:

$$\frac{360}{2940} = \frac{360 : 60}{2940 : 60} = \frac{6}{49}$$

Einfacher geht es aber, wenn du erst kürzt und dann multiplizierst:

$$\frac{8\cdot45}{105\cdot28}=\frac{(8\cdot45):15}{(105\cdot28):15}=\frac{8\cdot(45:15)}{(105:15)\cdot28}=\frac{8\cdot3}{7\cdot28}=$$

$$=\frac{(8\cdot3):4}{(7\cdot28):4}=\frac{(8:4)\cdot3}{7\cdot(28:4)}=\frac{2\cdot3}{7\cdot7}=\frac{6}{49}$$

Und so hast du gerechnet:

$$\frac{8\cdot45}{105\cdot28}=\frac{8\cdot\overset{3}{\cancel{45}}}{\underset{7}{\cancel{105}}\cdot28}=\frac{\overset{2}{\cancel{8}}\cdot\overset{3}{\cancel{45}}}{\underset{7}{\cancel{105}}\cdot\underset{7}{\cancel{28}}}=\frac{2\cdot3}{7\cdot7}=\frac{6}{49}$$

gekürzt mit 15 → gekürzt mit 4 →

Und noch kürzer kannst du es so schreiben:

$$\frac{\overset{2}{\cancel{8}}\cdot\overset{3}{\cancel{45}}}{\underset{7}{\cancel{105}}\cdot\underset{7}{\cancel{28}}}=\frac{6}{49}$$

Weitere Beispiele:

$$\frac{\overset{1}{\cancel{24}}\cdot\overset{7}{\cancel{49}}}{\underset{5}{\cancel{35}}\cdot\underset{3}{\cancel{72}}}=\frac{7}{15}$$

1. Schritt (/): Kürze 24 gegen 72 mit 24
2. Schritt (/^): Kürze 49 gegen 35 mit 7

$$\frac{\overset{1}{\cancel{18}}\cdot\overset{1}{\cancel{5}}\cdot\overset{\overset{1}{\cancel{3}}}{\cancel{15}}}{\underset{\underset{1}{\cancel{5}}}{\cancel{25}}\cdot\underset{4}{\cancel{72}}\cdot\underset{8}{\cancel{24}}}=\frac{1}{32}$$

1. Schritt (/): Kürze 18 gegen 72 mit 18
2. Schritt (/^): Kürze 5 gegen 25 mit 5
3. Schritt (/^^): Kürze 15 gegen 5 mit 5
4. Schritt (/^^^): Kürze 3 gegen 24 mit 3

9. Aufgabe: Kürze vor dem Multiplizieren vollständig.

a) $\frac{2\cdot3}{9\cdot8}$ b) $\frac{4\cdot15}{5\cdot22}$ c) $\frac{15\cdot24}{16\cdot25}$ d) $\frac{36\cdot15}{45\cdot24}$

e) $\frac{17\cdot26}{39\cdot51}$ f) $\frac{8\cdot9}{15\cdot14}$ g) $\frac{45\cdot26}{180\cdot25}$ h) $\frac{14\cdot45}{35\cdot63}$

i) $\frac{81\cdot43}{86\cdot99}$ k) $\frac{15\cdot18}{54\cdot25}$ l) $\frac{6\cdot15\cdot49}{7\cdot16\cdot72}$ m) $\frac{8\cdot6\cdot25}{45\cdot7\cdot32}$

n) $\dfrac{8 \cdot 13 \cdot 7}{39 \cdot 14 \cdot 12}$ o) $\dfrac{25 \cdot 9 \cdot 8}{24 \cdot 40 \cdot 15}$ p) $\dfrac{72 \cdot 26 \cdot 9}{91 \cdot 27 \cdot 16}$ q) $\dfrac{9 \cdot 11 \cdot 10}{10 \cdot 12 \cdot 11}$

r) $\dfrac{27 \cdot 55 \cdot 21}{77 \cdot 45 \cdot 25}$ s) $\dfrac{20 \cdot 77 \cdot 117}{21 \cdot 90 \cdot 143}$ t) $\dfrac{44 \cdot 35 \cdot 51}{84 \cdot 66 \cdot 68}$

u) $\dfrac{51 \cdot 161 \cdot 65}{230 \cdot 170 \cdot 91}$ v) $\dfrac{16 \cdot 19 \cdot 45 \cdot 32}{63 \cdot 64 \cdot 57 \cdot 60}$ w) $\dfrac{46 \cdot 87 \cdot 35 \cdot 76}{58 \cdot 112 \cdot 95 \cdot 207}$

x) $\dfrac{49 \cdot 12 \cdot 39 \cdot 15}{72 \cdot 13 \cdot 70 \cdot 14}$ y) $\dfrac{93 \cdot 17 \cdot 16 \cdot 45}{100 \cdot 24 \cdot 31 \cdot 85}$ z) $\dfrac{16 \cdot 14 \cdot 28 \cdot 18 \cdot 63}{49 \cdot 36 \cdot 30 \cdot 21 \cdot 32}$

Zusammenfassung

Das hast du im 2. Kapitel gelernt:

1. Ein Bruch wird erweitert, indem man Zähler und Nenner mit derselben, von Null verschiedenen Zahl multipliziert. Brüche, die durch Erweitern auseinander hervorgehen, sind gleich.	$\dfrac{z}{n} = \dfrac{z \cdot e}{n \cdot e}$ $n \neq 0$, $e \neq 0$
2. Ein Bruch wird gekürzt, indem man Zähler und Nenner durch dieselbe, von Null verschiedene Zahl dividiert. Brüche die durch Kürzen auseinander hervorgehen, sind gleich.	$\dfrac{z}{n} = \dfrac{z:k}{n:k}$ $n \neq 0$, $k \neq 0$
3. Ein Bruch, bei dem Zähler und Nenner teilerfremd sind, läßt sich nicht kürzen. Man sagt dann: „Der Bruch ist vollständig gekürzt" oder: „Der Bruch hat seine Grundform."	

Überprüfe mit den nachfolgenden Aufgaben, ob du den Stoff des 2. Kapitels beherrschst. Mehr als 5 Fehler sollten dir dabei nicht unterlaufen!

Test zum 2. Kapitel

1. Erweitere.

a) $\frac{3}{4}$ mit 17 b) $\frac{5}{8}$ mit 11 c) $\frac{6}{13}$ mit 15

d) $\frac{11}{12}$ mit 25 e) $\frac{17}{21}$ mit 13

2. Schreibe die folgenden Brüche mit dem Nenner 120.

a) $\frac{4}{5}$ b) $\frac{7}{8}$ c) $\frac{13}{15}$ d) $\frac{17}{24}$ e) $\frac{2}{3}$

3. Schreibe die folgenden Brüche mit dem Zähler 180.

a) $\frac{4}{5}$ b) $\frac{6}{13}$ c) $\frac{9}{11}$ d) $\frac{45}{53}$ e) $\frac{36}{49}$

4. Fülle die Leerstellen aus.

a) $\frac{4}{7} = \frac{\square}{49}$ b) $\frac{7}{8} = \frac{91}{\square}$ c) $\frac{5}{13} = \frac{\square}{143}$ d) $\frac{11}{12} = \frac{121}{\square}$

e) $\frac{15}{21} = \frac{\square}{168}$ f) $\frac{\square}{8} = \frac{21}{56}$ g) $\frac{\square}{12} = \frac{121}{132}$ h) $\frac{15}{\square} = \frac{90}{96}$

i) $\frac{\square}{25} = \frac{336}{525}$ k) $\frac{13}{\square} = \frac{91}{105}$

5. Kürze vollständig.

a) $\frac{14}{21}$ b) $\frac{80}{128}$ c) $\frac{72}{120}$ d) $\frac{135}{225}$ e) $\frac{210}{693}$

f) $\frac{24 \cdot 25}{75 \cdot 36}$ g) $\frac{15 \cdot 27}{18 \cdot 45}$ h) $\frac{4 \cdot 18 \cdot 26}{45 \cdot 39 \cdot 36}$ i) $\frac{8 \cdot 9 \cdot 10}{30 \cdot 18 \cdot 4}$

k) $\frac{189 \cdot 34 \cdot 28 \cdot 19}{450 \cdot 14 \cdot 38 \cdot 17}$

3. Kapitel

Brüche auf dem Zahlenstrahl

3 Tafeln Schokolade sollen gleichmäßig unter 4 Personen aufgeteilt werden.
Mathematisch können wir dieses Problem nicht bewältigen.
Es führt auf die Divisionsaufgabe

$$3:4$$

und für diese kennen wir bisher noch keine Lösung.

Praktisch läßt sich das Problem jedoch ohne Schwierigkeiten so lösen:

Teile jede der 3 Tafeln in 4 gleiche Teile.

Gib jeder der 4 Personen von jeder Tafel einen Teil.

Jede Person erhält also $3 \cdot \frac{1}{4} = \frac{3}{4}$ Tafeln.

Diese praktische Überlegung legt es nahe, der Divisionsaufgabe 3 : 4 als Lösung den Bruch $\frac{3}{4}$ zuzuordnen:

$$3:4 = \frac{3}{4}$$

Wir nehmen den Bruch $\frac{3}{4}$ also in die Gemeinschaft der Zahlen auf

und weisen ihm, wie sich das für eine ordentliche Zahl gehört, auch einen Platz auf dem Zahlenstrahl zu:

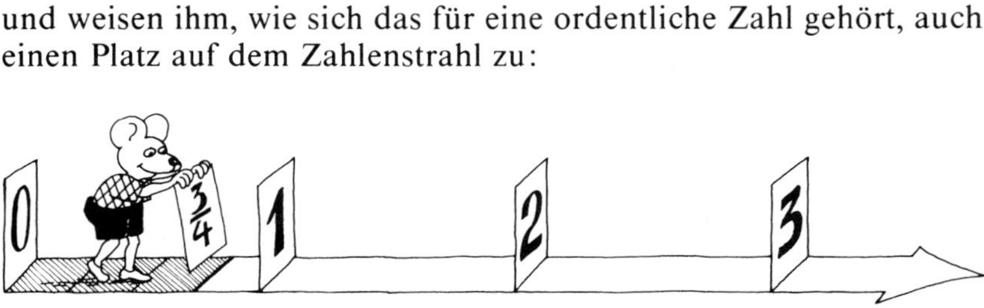

Nun läßt sich auch die Probe zur Divisionsaufgabe $3:4=\frac{3}{4}$ durchführen:

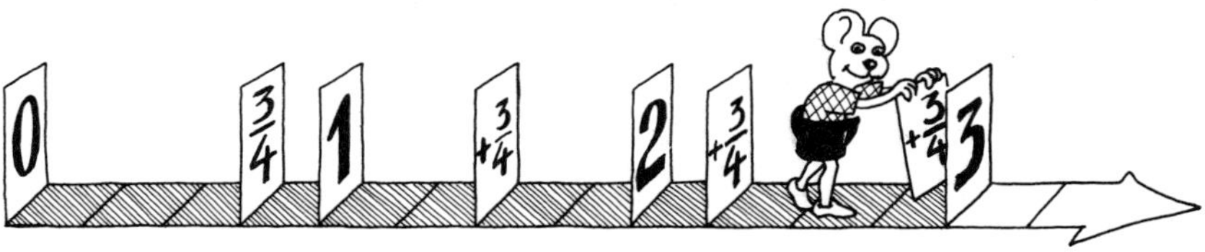

$$\frac{3}{4} \quad + \frac{3}{4} \quad + \frac{3}{4} \quad + \frac{3}{4} = 4 \cdot \frac{3}{4} = 3$$

Und so verfahren wir von jetzt an mit allen Divisionsaufgaben dieser Art, wie zum Beispiel:

$$6:7=\frac{6}{7}; \quad 5:10=\frac{5}{10}=\frac{1}{2}; \quad 4:16=\frac{4}{16}=\frac{2}{8}=\frac{1}{4};$$

$$2:5=\frac{2}{5}; \quad 5:8=\frac{5}{8}; \quad 18:24=\frac{18}{24}=\frac{9}{12}=\frac{6}{8}=\frac{3}{4}$$

Damit geht es nun aber etwas eng zu auf dem Zahlenstrahl, wenn auch nicht jeder Bruch einen eigenen Platz beanspruchen kann. Alle Brüche nämlich, die durch Kürzen oder Erweitern auseinander hervorgehen (und das sind jeweils unendlich viele!) müssen sich mit demselben Platz begnügen.
Und trotzdem drängen sich immer noch unendlich viele verschiedene Brüche auf der ehemals völlig leeren Strecke zwischen 0 und 1.

1. Aufgabe: Gib das Ergebnis der folgenden Divisionsaufgaben in vollständig gekürzter Form an.

Beispiel: $24:60=\frac{24}{60}=\frac{2}{5}$

a) 18:45	e) 50:75	i) 26:65	n) 78:143
b) 12:15	f) 33:132	k) 48:60	o) 75:225
c) 14:24	g) 28:63	l) 64:136	p) 108:198
d) 15:40	d) 65:182	m) 32:56	q) 56:126

Nicht nur zwischen 0 und 1, sondern überall auf dem Zahlenstrahl beginnt nun das Gedränge.
Das Ergebnis der folgenden Aufgabe zeigt es:

5 Tafeln Schokolade sollen gleichmäßig an 3 Personen verteilt werden.

Überlege

so ↙ ↘ oder so

Jede Tafel wird in 3 gleiche Teile zerlegt; jede Person bekommt von *jeder* Tafel je einen dieser Teile:

Jede Person bekommt zunächst eine ganze Tafel; jede der übrigen beiden Tafeln wird in 3 gleiche Teile zerlegt; jede Person bekommt von jeder Tafel noch je einen dieser Teile:

Jede Person bekommt $5 \cdot \frac{1}{3} = \frac{5}{3}$ Tafeln.

$$5:3 = \frac{5}{3}$$

Jede Person bekommt $1 + \frac{2}{3}$ Tafeln.

Für $1 + \frac{2}{3}$ schreiben wir kürzer $1\frac{2}{3}$.

$$5:3 = 1\frac{2}{3}$$

$$\frac{5}{3} = 1\frac{2}{3}$$

$\frac{5}{3}$ und $1\frac{2}{3}$ bezeichnen also dieselbe Zahl.

Auch diese Zahl erhält nun einen Platz auf dem Zahlenstrahl.

Mit $\frac{5}{3}$ taucht zum erstenmal ein Bruch auf, bei dem der Zähler größer ist als der Nenner. Solche Brüche bezeichnet man häufig als *unechte Brüche.*
Im Gegensatz dazu nennt man Brüche, bei denen der Zähler kleiner ist als der Nenner, *echte Brüche.*

2. Aufgabe: Welche der folgenden Brüche sind echte Brüche, welche sind unechte Brüche?

a) $\frac{13}{12}$ b) $\frac{7}{8}$ c) $\frac{25}{16}$ d) $\frac{13}{10}$ e) $\frac{7}{5}$

f) $\frac{12}{18}$ g) $\frac{25}{21}$ h) $\frac{17}{28}$ i) $\frac{213}{179}$ k) $\frac{105}{150}$

Unechte Brüche bezeichnen Bruchteile, die größer sind als 1 Ganzes:

$\frac{5}{3}$ von 12 DM = (12 DM : 3) · 5 = 4 DM · 5 = 20 DM

$\frac{9}{4}$ von 240 m = (240 m : 4) · 9 = 60 m · 9 = 540 m

$\frac{18}{5}$ von 35 kg = (35 kg : 5) · 18 = 7 kg · 18 = 126 kg

3. Aufgabe: Berechne.

a) $\frac{7}{3}$ von 15 DM b) $\frac{5}{4}$ von 36 kg c) $\frac{15}{8}$ von 96 m

d) $\frac{23}{16}$ von 128 Std. e) $\frac{36}{25}$ von 1 100 m f) $\frac{48}{13}$ von 169 kg

g) $\frac{12}{5}$ von 155 m h) $\frac{17}{10}$ von 1 200 DM i) $\frac{18}{7}$ von 112 km

Mit der Bezeichnung $1\frac{2}{3}$ taucht zum erstenmal eine Verbindung aus einer ganzen Zahl und einem Bruch auf.
Solche Verbindungen bezeichnet man häufig als *gemischte Zahlen*.

Jede gemischte Zahl läßt sich in einen unechten Bruch verwandeln.

1. Beispiel:

Überlege so:

$$1\frac{2}{3} = \frac{3}{3} + \frac{2}{3} = \frac{5}{3}$$

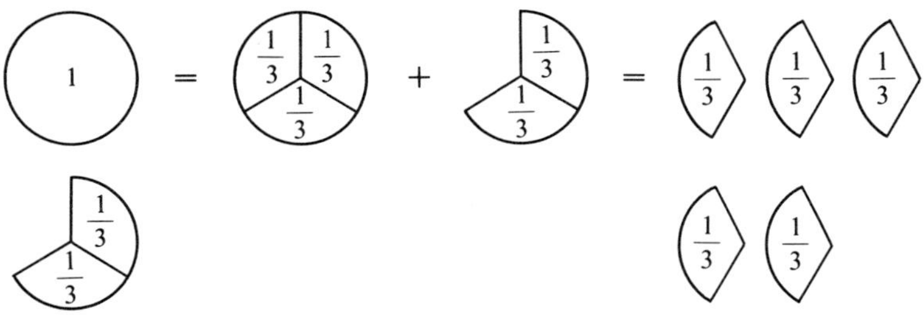

Rechne so:

$$1\frac{2}{3} = \frac{3 \cdot 1 + 2}{3} = \frac{3+2}{3} = \frac{5}{3}$$

2. Beispiel:

Überlege so:

$$2\frac{3}{4} = \frac{8}{4} + \frac{3}{4} = \frac{11}{4}$$

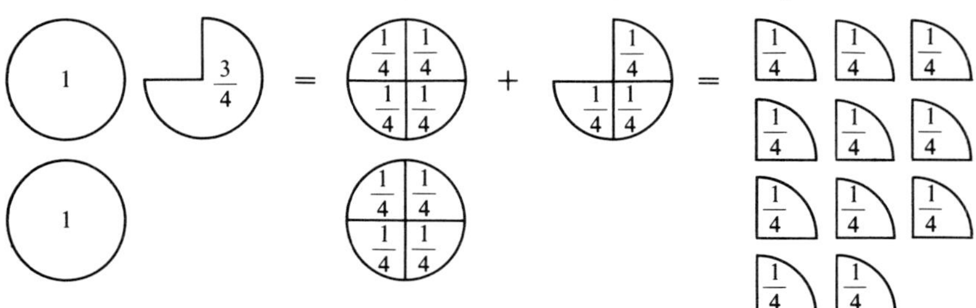

Rechne so:

$$2\frac{3}{4} = \frac{4 \cdot 2 + 3}{4} = \frac{8+3}{4} = \frac{11}{4}$$

3. Beispiel:

Überlege so:

$$3\frac{1}{2} = \frac{6}{2} + \frac{1}{2} = \frac{7}{2}$$

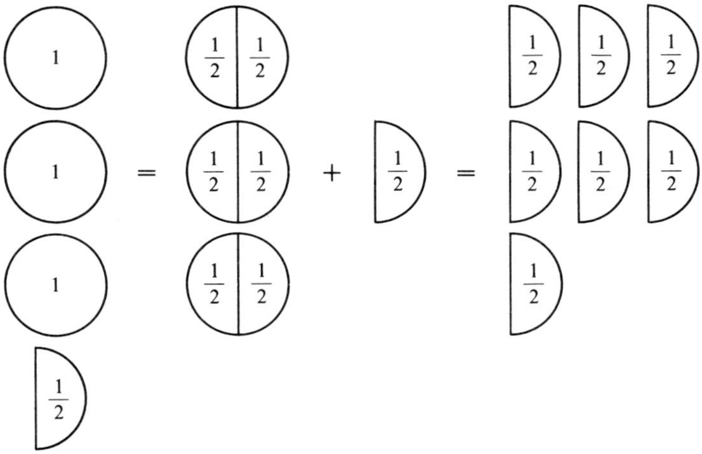

Rechne so:

$$3\frac{1}{2} = \frac{2 \cdot 3 + 1}{2} = \frac{6+1}{2} = \frac{7}{2}$$

4. Aufgabe: Verwandle die folgenden gemischten Zahlen in unechte Brüche.

a) $3\frac{1}{3}$	b) $4\frac{2}{3}$	c) $5\frac{3}{4}$	d) $7\frac{4}{5}$	e) $15\frac{1}{2}$
f) $3\frac{7}{8}$	g) $4\frac{4}{5}$	h) $11\frac{11}{12}$	i) $9\frac{3}{16}$	k) $12\frac{2}{5}$
l) $14\frac{3}{5}$	m) $15\frac{4}{15}$	n) $28\frac{5}{8}$	o) $9\frac{11}{14}$	p) $10\frac{11}{12}$
q) $21\frac{3}{7}$	r) $25\frac{5}{8}$	s) $35\frac{11}{14}$	t) $5\frac{5}{19}$	u) $34\frac{7}{12}$
v) $8\frac{16}{105}$	w) $38\frac{14}{15}$	x) $118\frac{3}{8}$	y) $17\frac{9}{17}$	z) $54\frac{11}{12}$

Ebenso, wie sich jede gemischte Zahl in einen unechten Bruch verwandeln läßt, kann man umgekehrt jeden unechten Bruch in eine gemischte Zahl verwandeln.

1. Beispiel:

Überlege so: $\frac{7}{4} = \frac{4}{4} + \frac{3}{4} = 1\frac{3}{4}$

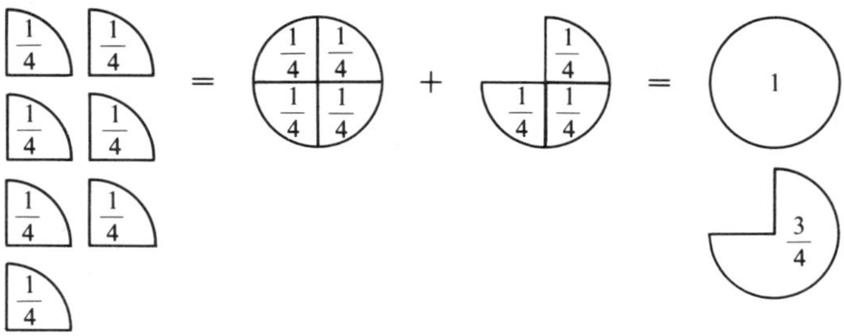

Rechne so: $\frac{7}{4} = 7:4 = 1 \text{ Rest } 3 = 1\frac{3}{4}$

2. Beispiel:

Überlege so: $\frac{5}{2} = \frac{4}{2} + \frac{1}{2} = 2\frac{1}{2}$

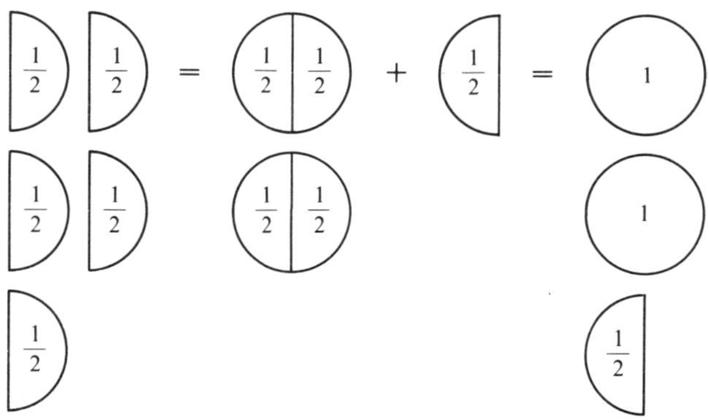

Rechne so: $\frac{5}{2} = 5:2 = 2 \text{ Rest } 1 = 2\frac{1}{2}$

Und zum Schluß noch ein Beispiel mit Nebenrechnung:

$$\frac{128}{5} = 128:5 = 25\frac{3}{5}$$

$$\begin{array}{r} 128:5 = 25 \\ -10 \\ \hline 28 \\ -25 \\ \hline 3 \end{array}$$

5. Aufgabe: Verwandle die folgenden unechten Brüche in gemischte Zahlen.

a) $\frac{7}{5}$	b) $\frac{13}{9}$	c) $\frac{15}{4}$	d) $\frac{17}{3}$	e) $\frac{28}{9}$
f) $\frac{23}{5}$	g) $\frac{77}{8}$	h) $\frac{83}{2}$	i) $\frac{97}{4}$	k) $\frac{117}{12}$
l) $\frac{777}{11}$	m) $\frac{246}{17}$	n) $\frac{731}{16}$	o) $\frac{369}{4}$	p) $\frac{1093}{23}$

6. Aufgabe: Gib die Ergebnisse der folgenden Divisionsaufgaben als gemischte Zahlen an.

Beispiel: $35:12 = \frac{35}{12} = 2\frac{11}{12}$

a) 273 : 2	h) 73 : 16	o) 717 : 26	u) 321 : 16
b) 43 : 5	i) 144 : 11	p) 349 : 18	v) 332 : 15
c) 72 : 7	k) 235 : 49	q) 137 : 12	w) 888 : 55
d) 85 : 13	l) 345 : 11	r) 373 : 10	x) 8 932 : 45
e) 17 : 3	m) 117 : 25	s) 679 : 9	y) 4 783 : 125
f) 242 : 9	n) 333 : 32	t) 883 : 17	z) 3 335 : 233
g) 127 : 4			

7. Aufgabe: Kürze die nachstehenden unechten Brüche zunächst vollständig und verwandle sie danach in gemischte Zahlen.

Beispiel: $\frac{385}{25} = \frac{385:5}{25:5} = \frac{77}{5} = 5\frac{2}{5}$

a) $\frac{12}{8}$	b) $\frac{22}{6}$	c) $\frac{44}{12}$	d) $\frac{48}{9}$	e) $\frac{16}{10}$
f) $\frac{35}{20}$	g) $\frac{27}{21}$	h) $\frac{64}{48}$	i) $\frac{55}{15}$	k) $\frac{144}{32}$

l) $\frac{1000}{375}$ m) $\frac{126}{56}$ n) $\frac{198}{108}$ o) $\frac{136}{64}$ p) $\frac{3125}{750}$

Und so sieht nun mittlerweile unser Zahlenstrahl aus:

Zwischen 0 und 1 drängen sich die echten Brüche, also die Brüche, bei denen der Zähler kleiner ist als der Nenner. Rechts von der 1 haben sich die unechten Brüche bzw. die gemischten Zahlen breit gemacht. Auch dort herrscht ein Riesengedränge. Und aus dem ganzen Bruchgewimmel lugt hie und da eine ganze Zahl hervor.
Doch gerade diese ganzen Zahlen erweisen sich als trügerische Gebilde, wie die folgende Überlegung zeigt:

Das Ergebnis der Divisionsaufgabe 12 : 4 läßt sich auf zweierlei Weise darstellen:

$12:4=3$ oder $12:4=\frac{12}{4}$

daraus folgt:

$$3=\frac{12}{4}$$

Ebenso ergibt sich

$15:5=3$ oder $15:5=\frac{15}{5}$

$$3=\frac{15}{5}$$

$3:1=3$ oder $3:1=\frac{3}{1}$

$$3=\frac{3}{1}$$

Und damit geht nun alles in die Brüche, denn auch die ganzen Zahlen sind nichts anderes als gut getarnte Brüche! Wir brauchen deshalb nicht mehr zwischen ganzen Zahlen und Brüchen zu unterscheiden.
Ganze Zahlen sind Brüche, die in ihrer Grundform den Nenner 1 haben:

$$3 = \frac{24}{8} = \frac{15}{5} = \frac{12}{4} = \frac{3}{1}$$

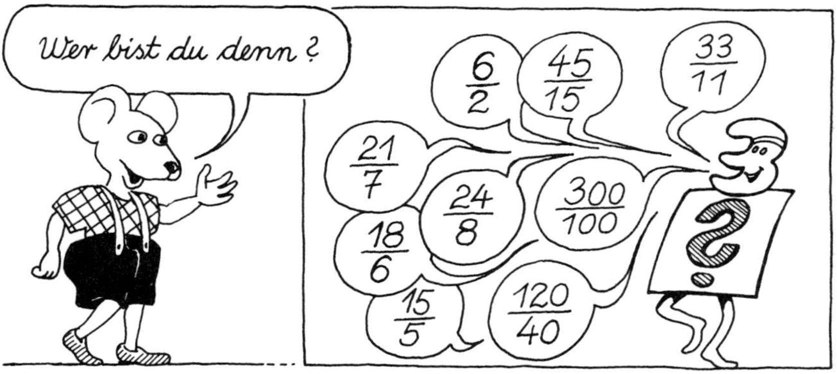

8. Aufgabe: Schreibe jeweils die in der 1. Spalte angegebene Zahl als Bruch mit dem in der 2. Spalte angegebenen Nenner.

	Zahl	Nenner
Beispiel:	5	7
a)	3	5
b)	2	8
c)	4	4
d)	7	12
e)	9	5
f)	12	3
g)	15	5
h)	13	13
i)	16	20
k)	16	25
l)	16	50
m)	16	100
n)	25	15
o)	15	25
p)	8	11

Ergebnis: $5 = \frac{5 \cdot 7}{7} = \frac{35}{7}$

Zusammenfassung

Das hast du im 3. Kapitel gelernt:

1. Die Divisionsaufgabe a : b ($b \neq 0$) hat als Lösung den Bruch $\frac{a}{b}$. Das heißt: An Stelle des Quotienten a : b kann man den Bruch $\frac{a}{b}$ schreiben; an Stelle des Bruches $\frac{a}{b}$ kann man den Quotienten a : b schreiben.	$a:b = \frac{a}{b} \quad b \neq 0$ $\frac{a}{b} = a:b$
2. Bei einem echten Bruch ist der Zähler kleiner als der Nenner. Bei einem unechten Bruch ist der Zähler größer als der Nenner. Eine gemischte Zahl ist eine Summe aus einer ganzen Zahl und einem echten Bruch.	$\frac{a}{b}$ $a < b$ echter Bruch; $a > b$ unechter Bruch $4\frac{3}{8} = 4 + \frac{3}{8}$
3. Jeder unechte Bruch läßt sich in eine gemischte Zahl verwandeln.	$\frac{23}{4} = 23:4 = 5\frac{3}{4}$
4. Jede gemischte Zahl läßt sich in einen unechten Bruch verwandeln.	$3\frac{4}{5} = \frac{5 \cdot 3 + 4}{5} = \frac{15 + 4}{5} = \frac{19}{5}$
5. Ganze Zahlen sind Brüche, die in ihrer Grundform den Nenner 1 haben.	$3 = \frac{3}{1} = \frac{6}{2} = \frac{9}{3} = \frac{123}{41} = \ldots$

Überprüfe mit den folgenden Aufgaben, ob du den Stoff des 3. Kapitels beherrschst. Wenn du mehr als 2 Fehler pro Aufgabenblock machst, dann solltest du dieses Kapitel noch einmal gründlich durcharbeiten.

Test zum 3. Kapitel

1. Verwandle die nachstehenden gemischten Zahlen in unechte Brüche.

a) $3\frac{2}{7}$ b) $4\frac{3}{4}$ c) $9\frac{5}{12}$ d) $12\frac{5}{9}$ e) $15\frac{11}{25}$

f) $18\frac{31}{35}$ g) $22\frac{17}{19}$ h) $38\frac{12}{125}$ i) $123\frac{7}{12}$ k) $250\frac{13}{17}$

2. Verwandle die folgenden unechten Brüche in gemischte Zahlen. Das Ergebnis soll stets vollständig gekürzt sein.

a) $\frac{13}{5}$ b) $\frac{27}{4}$ c) $\frac{35}{14}$ d) $\frac{21}{6}$ e) $\frac{44}{16}$

f) $\frac{75}{45}$ g) $\frac{144}{14}$ h) $\frac{125}{15}$ i) $\frac{364}{56}$ k) $\frac{500}{175}$

3. Gib das Ergebnis der folgenden Divisionsaufgaben in vollständig gekürzter Form, wenn möglich auch als gemischte Zahl an.

a) 30 : 45	d) 144 : 40	g) 148 : 24	i) 338 : 52
b) 135 : 30	e) 225 : 125	h) 256 : 36	k) 720 : 75
c) 64 : 12	f) 96 : 18		

4. Kapitel

Die vier Grundrechnungsarten mit Brüchen

Jedes Kind weiß: „Mit Zahlen kann man rechnen!"
Wenn also die Brüche Zahlen sind, wie wir das im vorhergehenden Kapitel aus gutem Grund behauptet haben, dann muß man mit ihnen auch rechnen können.
Was aber kommt heraus, wenn man zwei Brüche addiert:

$$\frac{3}{4} + \frac{5}{6} = ??$$

oder subtrahiert:

$$\frac{17}{8} - \frac{4}{5} = ??$$

oder multipliziert:

$$\frac{3}{8} \cdot \frac{12}{5} = ??$$

oder dividiert:

$$\frac{9}{7} : \frac{3}{35} = ??$$

Am einfachsten läßt sich diese Frage für die Addition von zwei nennergleichen Brüchen beantworten.

a) Addition nennergleicher Brüche

Gesucht ist das Ergebnis der Additionsaufgabe

$$\frac{2}{9} + \frac{5}{9}$$

Weil $\frac{2}{9}$ von 36 DM = 8 DM

und $\frac{5}{9}$ von 36 DM = 20 DM,

muß gelten $\left(\frac{2}{9} + \frac{5}{9}\right)$ von 36 DM = 8 DM + 20 DM = 28 DM.

Nun gilt aber auch: $\frac{7}{9}$ von 36 DM = 28 DM.

Daher ist es sinnvoll zu schreiben:

$$\frac{2}{9}+\frac{5}{9}=\frac{7}{9}$$

Wenn wir als das Ganze an Stelle der 36 DM einen Kreis wählen, dann wird die Sache noch anschaulicher:

$$\frac{2}{9} \qquad + \qquad \frac{5}{9} \qquad = \qquad \frac{7}{9}$$

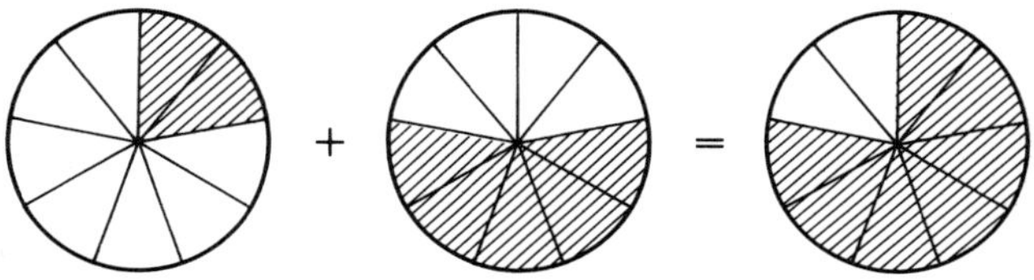

Wir legen also fest:

> Nennergleiche Brüche werden addiert, indem man ihre Zähler addiert und den gemeinsamen Nenner beibehält.

In Formelschreibweise sieht diese Festlegung so aus:

$$\boxed{\frac{a}{c}+\frac{b}{c}=\frac{a+b}{c}; \quad c \neq 0}$$

Das Ergebnis sollte stets in vollständig gekürzter Form angegeben werden:

$$\frac{1}{8} \qquad + \qquad \frac{3}{8} \qquad = \qquad \frac{4}{8} \qquad = \qquad \frac{1}{2}$$

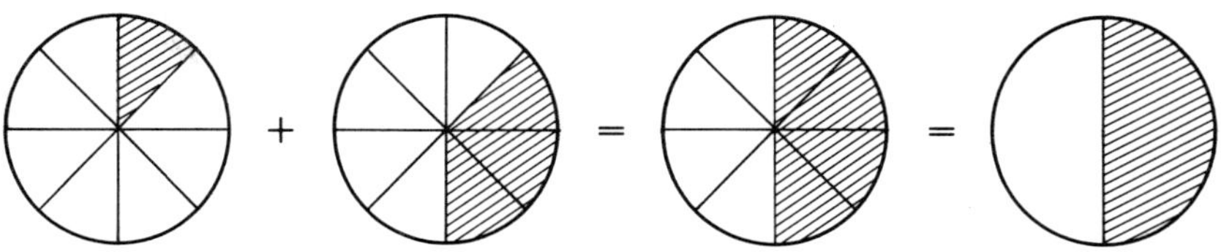

Weitere Beispiele:

$$\frac{4}{13}+\frac{11}{13}=\frac{4+11}{13}=\frac{15}{13}=1\frac{2}{13}$$

$$\frac{7}{15}+\frac{14}{15}=\frac{21}{15}=\frac{7}{5}=1\frac{2}{5}$$

$$\frac{3}{11}+\frac{5}{11}+\frac{14}{11}=\frac{22}{11}=2$$

1. Aufgabe: Berechne. Gib das Ergebnis stets in vollständig gekürzter Form und, wenn möglich, auch als gemischte Zahl an.

a) $\frac{2}{8}+\frac{5}{8}$ b) $\frac{4}{9}+\frac{2}{9}$ c) $\frac{5}{12}+\frac{11}{12}$ d) $\frac{3}{8}+\frac{7}{8}$

e) $\frac{3}{16}+\frac{7}{16}$ f) $\frac{5}{21}+\frac{19}{21}$ g) $\frac{11}{12}+\frac{17}{12}$ h) $\frac{4}{7}+\frac{8}{7}$

i) $\frac{7}{12}+\frac{5}{12}+\frac{1}{12}$ k) $\frac{5}{24}+\frac{17}{24}+\frac{1}{24}$ l) $\frac{17}{25}+\frac{13}{25}+\frac{21}{25}$

m) $\frac{4}{5}+\frac{7}{5}+\frac{3}{5}+\frac{1}{5}$ n) $\frac{17}{50}+\frac{29}{50}+\frac{3}{50}+\frac{11}{50}$

o) $\frac{5}{16}+\frac{13}{16}+\frac{15}{16}+\frac{7}{16}$ p) $\frac{7}{23}+\frac{17}{23}+\frac{5}{23}+\frac{11}{23}$

q) $\frac{13}{25}+\frac{18}{25}+\frac{12}{25}+\frac{7}{25}$ r) $\frac{4}{39}+\frac{17}{39}+\frac{37}{39}+\frac{19}{39}$

Du sollst die beiden gemischten Zahlen $2\frac{3}{5}$ und $3\frac{4}{5}$ addieren.

Rechne so:

$$\begin{aligned}2\frac{3}{5}+3\frac{4}{5} &= \left(2+\frac{3}{5}\right)+\left(3+\frac{4}{5}\right)\\ &= (2+3)+\left(\frac{3}{5}+\frac{4}{5}\right)\\ &= 5+\frac{7}{5} = 5+1+\frac{2}{5}\\ &= 6+\frac{2}{5} = 6\frac{2}{5}\end{aligned}$$

Weitere Beispiele:

$$\frac{3}{8}+\frac{1}{8}=\frac{4}{8}$$

$$8\frac{3}{8} + 7\frac{1}{8} = 15\frac{4}{8} = 15\frac{1}{2}$$

$$8+7=15 \qquad \frac{4}{8}=\frac{4:4}{8:4}=\frac{1}{2}$$

$$\frac{5}{12} + \frac{7}{12} = \frac{12}{12}$$

$$7\frac{5}{12} + 3\frac{7}{12} = 10\frac{12}{12} = 11$$

$$7 + 3 = 10 \qquad \frac{12}{12} = 1$$

2. Aufgabe: Berechne ebenso. Gib das Ergebnis stets in vollständig gekürzter Form an.

a) $2\frac{1}{5} + 3\frac{3}{5}$ b) $7\frac{3}{8} + 1\frac{1}{8}$ c) $4\frac{2}{7} + 12\frac{3}{7}$

d) $15\frac{3}{11} + 23\frac{7}{11}$ e) $24\frac{5}{8} 17\frac{7}{8}$ f) $7\frac{5}{16} + \frac{9}{16}$

g) $13\frac{11}{12} + \frac{7}{12}$ h) $8\frac{5}{9} + 9\frac{8}{9}$ i) $14\frac{4}{7} + 15\frac{5}{7}$

k) $8\frac{11}{24} + 9\frac{17}{24}$ l) $23\frac{5}{36} + 49\frac{25}{36}$ m) $17\frac{29}{36} + 11\frac{35}{36}$

n) $28\frac{61}{72} + 19\frac{67}{72}$ o) $16\frac{27}{49} + 13\frac{29}{49}$ p) $8\frac{24}{25} + 33\frac{21}{25}$

q) $5\frac{21}{41} + 3\frac{17}{41} + \frac{3}{41}$ r) $7\frac{35}{48} + 12\frac{33}{48} + 4\frac{41}{48}$

s) $4\frac{17}{25} + 3\frac{11}{25} + 7\frac{8}{25} + \frac{21}{25}$ t) $3\frac{5}{16} + 7\frac{7}{16} + 11\frac{15}{16} + \frac{13}{16}$

b) Addition nicht nennergleicher Brüche

Der Versuch, $\frac{1}{4}$ und $\frac{2}{3}$ zu addieren, scheitert an der Tatsache, daß diese beiden Brüche nicht nennergleich sind.

Bisher können wir nur nennergleiche Brüche addieren.

Und dabei wird es auch in Zukunft bleiben:
Nur nennergleiche Brüche lassen sich addieren.

Wenn als die beiden Brüche $\frac{1}{4}$ und $\frac{2}{3}$ nicht nennergleich *sind,* dann müssen wir sie eben vor dem Addieren nennergleich *machen.* Das gelingt, wenn wir sie geeignet erweitern.

Wir wissen:

1. Brüche werden erweitert, indem man Zähler *und* Nenner mit derselben Zahl multipliziert.

2. Brüche, die durch Erweitern auseinander hervorgehen, sind gleich.

Also gilt:

$$\frac{1}{4} = \frac{1 \cdot 3}{4 \cdot 3} = \frac{3}{12} \quad \text{und} \quad \frac{2}{3} = \frac{2 \cdot 4}{3 \cdot 4} = \frac{8}{12}$$

Wenn aber $\frac{1}{4} = \frac{3}{12}$

und $\frac{2}{3} = \frac{8}{12}$

dann gilt auch $\frac{1}{4} + \frac{2}{3} = \frac{3}{12} + \frac{8}{12}$

Die beiden Brüche $\frac{3}{12}$ und $\frac{8}{12}$ sind nennergleich.
Wir können sie addieren, indem wir ihre Zähler addieren:

$$\frac{3}{12} + \frac{8}{12} = \frac{3+8}{12} = \frac{11}{12}$$

Also ergibt sich:

$$\frac{1}{4} + \frac{2}{3} = \frac{11}{12}$$

Und so haben wir gerechnet:

$$\frac{1}{4} \quad + \quad \frac{2}{3} \quad = \quad \frac{3}{12} \quad + \quad \frac{8}{12} \quad = \quad \frac{11}{12}$$

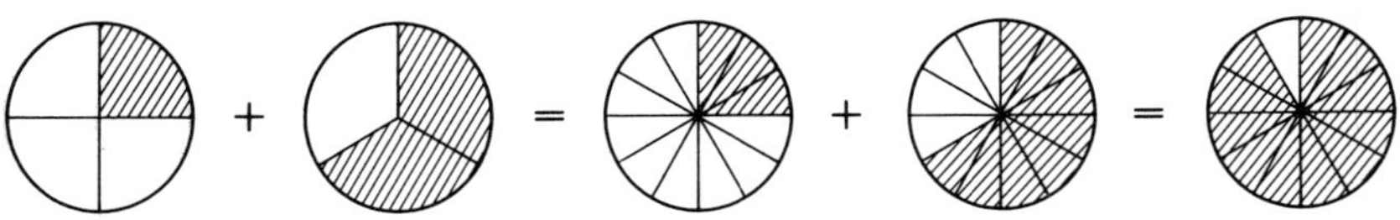

Wir haben also die beiden Brüche durch Erweitern auf den gemeinsamen Nenner 12 gebracht und dann addiert.
12 ist die kleinste Zahl, die sowohl durch 3 als auch durch 4 teilbar ist.
Man sagt: 12 ist das *kleinste gemeinsame Vielfache* von 3 und 4 und verwendet für diese Aussage die Kurzschreibweise kgV(3;4) = 12.
Als gemeinsamen Nenner hätten wir aber auch jede andere Zahl nehmen können, die sowohl durch 3 als auch durch 4 teilbar ist, also auch jedes andere gemeinsame Vielfache von 3 und 4.

Wir hätten also auch so rechnen können:

$$\frac{1}{4}+\frac{2}{3}=\frac{1\cdot 6}{4\cdot 6}+\frac{2\cdot 8}{3\cdot 8}=\frac{6}{24}+\frac{16}{24}=\frac{22}{24}=\frac{22:2}{24:2}=\frac{11}{12}$$

Oder auch so:

$$\frac{1}{4}+\frac{2}{3}=\frac{1\cdot 15}{4\cdot 15}+\frac{2\cdot 20}{3\cdot 20}=\frac{15}{60}+\frac{40}{60}=\frac{55}{60}=\frac{55:5}{60:5}=\frac{11}{12}$$

Das Ergebnis ist zwar in jedem Fall dasselbe, die Rechnung aber ist am einfachsten, wenn wir als gemeinsamen Nenner das kleinste gemeinsame Vielfache von 3 und 4 wählen.
Nicht immer ist das kleinste gemeinsame Vielfache zweier Zahlen so leicht zu finden wie das der beiden Zahlen 3 und 4. In schwierigen Fällen ist der Weg über die *Zerlegung in Primfaktoren* zu empfehlen.
Beispiel: Das kleinste gemeinsame Vielfache von 504 und 750 soll bestimmt werden.
Wir gehen davon aus, daß das gesuchte kgV von 504 und 750 alle Primfaktoren enthalten muß, die bei der Primfaktorenzerlegung von 504 und 750 auftreten. Die Lösung des Problems erfolgt dann in 2 Schritten.
1. Schritt: Wir zerlegen die beiden Zahlen in Primfaktoren:

$$\begin{aligned}504 &= 2\cdot 252\\ 252 &= 2\cdot 126\\ 126 &= 2\cdot 63\\ 63 &= 3\cdot 21\\ 21 &= 3\cdot 7\end{aligned}$$

$$504 = 2\cdot 2\cdot 2\cdot 3\cdot 3\cdot 7 = 2^3\cdot 3^2\cdot 7$$

$$\begin{aligned}750 &= 2\cdot 375\\ 375 &= 3\cdot 125\\ 125 &= 5\cdot 25\\ 25 &= 5\cdot 5\end{aligned}$$

$$750 = 2\cdot 3\cdot 5\cdot 5\cdot 5 = 2\cdot 3\cdot 5^3$$

2. Schritt: Wir bestimmen die kleinste Zahl, deren Primfaktorenzerlegung alle Primfaktoren sowohl von 504 als auch von 750 enthält. Es ist dies die Zahl

$$2^3\cdot 3^2\cdot 5^3\cdot 7 = 63\,000$$

Ergebnis: kgV(504; 750) = 63 000.
In Kurzform sieht unser Verfahren so aus:

$$504 = 2 \cdot 2 \cdot 2 \cdot 3 \cdot 3 \cdot 7 = \mathbf{2^3} \cdot \mathbf{3^2} \cdot \mathbf{7^1}$$
$$750 = 2 \cdot 3 \cdot 5 \cdot 5 \cdot 5 = 2^1 \cdot 3^1 \cdot \mathbf{5^3}$$

$$\text{kgV}(504; 750) = \mathbf{2^3} \cdot \mathbf{3^2} \cdot \mathbf{5^3} \cdot \mathbf{7^1} = 63\,000$$

Und so lautet unser Rezept:

1. Zerlege die Zahlen in Primfaktoren.
2. Suche von jedem der auftretenden Primfaktoren die höchste vorkommende Potenz.
3. Multipliziere diese Potenzen miteinander.

Dieses Rezept läßt sich auch bei der Bestimmung des kleinsten gemeinsamen Vielfachen von mehr als 2 Zahlen anwenden.

1. Beispiel: kgV(18; 24; 45) = ?

$$18 = 2 \cdot 3 \cdot 3 = 2 \cdot \mathbf{3^2}$$
$$24 = 2 \cdot 2 \cdot 2 \cdot 3 = \mathbf{2^3} \cdot 3$$
$$45 = 3 \cdot 3 \cdot 5 = 3^2 \cdot \mathbf{5}$$

$$\text{kgV}(18; 24; 45) = \mathbf{2^3} \cdot \mathbf{3^2} \cdot \mathbf{5} = 360$$

2. Beispiel: kgV(24; 30; 32; 36; 40) = ?

$$24 = 2 \cdot 2 \cdot 2 \cdot 3 = 2^3 \cdot 3$$
$$30 = 2 \cdot 3 \cdot 5 = 2 \cdot 3 \cdot \mathbf{5}$$
$$32 = 2 \cdot 2 \cdot 2 \cdot 2 \cdot 2 = \mathbf{2^5}$$
$$36 = 2 \cdot 2 \cdot 3 \cdot 3 = 2^2 \cdot \mathbf{3^2}$$
$$40 = 2 \cdot 2 \cdot 2 \cdot 5 = 2^3 \cdot 5$$

$$\text{kgV}(24; 30; 32; 36; 40) = \mathbf{2^5} \cdot \mathbf{3^2} \cdot \mathbf{5} = 1\,440$$

wir dieses Rezept bei der Addition nicht nenner-

$= ?$

ung des Hauptnenners (= kgV(24; 44)).

$\cdot\ 3 = \mathbf{2^3} \cdot \mathbf{3}$

$= 2^2 \cdot \mathbf{11}$

$= 264$

n der Brüche auf den Hauptnenner.

$\frac{55}{264}$

$\frac{42}{64}$

der so erhaltenen nennergleichen Brüche.

$\frac{5+42}{264} = \frac{97}{264}$

Kurzform:

$\frac{7}{5} + \frac{20 \cdot 15}{315}$

$+ \frac{300}{315}$

$= 1\frac{104}{315}$

Nebenrechnung zur Bestimmung des Hauptnenners:

$45 = 3 \cdot 3 \cdot 5 = \mathbf{3^2} \cdot \mathbf{5}$

$21 = 3 \cdot \mathbf{7}$

$\text{HN} = \mathbf{3^2} \cdot \mathbf{5} \cdot \mathbf{7} = 315$

$=$

$+ \frac{11 \cdot 8}{288} =$

$\frac{38}{88} =$

Nebenrechnung zur Bestimmung des Hauptnenners:

$32 = 2 \cdot 2 \cdot 2 \cdot 2 \cdot 2 = \mathbf{2^5}$

$48 = 2 \cdot 2 \cdot 2 \cdot 2 \cdot 3 = 2^4 \cdot 3$

$36 = 2 \cdot 2 \cdot 3 \cdot 3 = 2^2 \cdot \mathbf{3^2}$

$\text{HN} = \mathbf{2^5} \cdot \mathbf{3^2} = 288$

$$5\frac{11}{15} + 7\frac{16}{21} =$$

$$\left(5 + \frac{11}{15}\right) + \left(7 + \frac{16}{21}\right) =$$

$$(5+7) + \left(\frac{11}{15} + \frac{16}{21}\right) =$$

$$12 + \frac{77+80}{105} =$$

$$12 + \frac{157}{105} =$$

$$12+1\frac{52}{105} =$$

$$13\frac{52}{105}$$

Nebenrechnung zur Bestimmung des Hauptnenners:

$$15 = \mathbf{3} \cdot \mathbf{5}$$
$$21 = 3 \cdot \mathbf{7}$$

$$\text{HN} = \mathbf{3} \cdot \mathbf{5} \cdot \mathbf{7} = 105$$

$$7\frac{5}{8} + 3\frac{5}{72} + 12\frac{5}{124} =$$

$$(7+3+12) + \left(\frac{5}{8} + \frac{5}{72} + \frac{5}{124}\right) =$$

$$22 + \frac{1\,395+155+90}{2\,232} =$$

$$22 + \frac{1\,640}{2\,232} =$$

$$22 + \frac{205}{279} = 22\frac{205}{279}$$

Nebenrechnung zur Bestimmung des Hauptnenners:
Weil 72 Vielfaches von 8 ist, kann die 8 bei der Bestimmung des Hauptnenners weggelassen werden.

$$72 = 2 \cdot 2 \cdot 2 \cdot 3 \cdot 3 = \mathbf{2^3} \cdot \mathbf{3^2}$$
$$124 = 2 \cdot 2 \cdot 31 = 2^2 \cdot \mathbf{31}$$

$$\text{HN} = \mathbf{2^3} \cdot \mathbf{3^2} \cdot \mathbf{31} = 2\,232$$

Oft kann man die Nebenrechnung weglassen, weil sich der Hauptnenner leicht im Kopf berechnen läßt.

$$\frac{5}{6} + \frac{4}{15} + \frac{1}{2} = \frac{25+8+15}{30} = \frac{48}{30} = \frac{8}{5} = 1\frac{3}{5}$$

3. Aufgabe: Berechne den Summenwert. Gib das Endergebnis stets in vollständig gekürzter Form und, wenn möglich, als gemischte Zahl an.

a) $\frac{1}{2} + \frac{1}{4}$ b) $\frac{3}{4} + \frac{2}{3}$ c) $\frac{5}{6} + \frac{3}{4}$ d) $\frac{11}{15} + \frac{5}{21}$

e) $\frac{5}{8} + \frac{1}{4}$ f) $\frac{5}{9} + \frac{6}{7}$ g) $\frac{11}{12} + \frac{3}{5}$ h) $\frac{7}{8} + \frac{3}{10}$

i) $\frac{5}{12}+\frac{3}{4}$ k) $\frac{11}{12}+\frac{4}{15}$ l) $\frac{7}{8}+\frac{8}{9}$ m) $\frac{9}{14}+\frac{5}{28}$

n) $\frac{7}{8}+\frac{19}{20}$ o) $\frac{13}{18}+\frac{2}{21}$ p) $\frac{4}{9}+\frac{5}{12}$ q) $\frac{13}{27}+\frac{11}{18}$

r) $\frac{3}{8}+\frac{7}{12}$ s) $\frac{5}{22}+\frac{7}{33}$ t) $\frac{5}{12}+\frac{3}{16}$ u) $\frac{7}{25}+\frac{7}{15}$

v) $\frac{3}{4}+\frac{7}{18}$ w) $\frac{5}{18}+\frac{7}{30}$ x) $\frac{3}{8}+\frac{7}{30}$ y) $\frac{15}{16}+\frac{11}{24}$

4. Aufgabe: Berechne ebenso.

a) $\frac{3}{4}+\frac{5}{6}+\frac{7}{10}$ b) $\frac{7}{8}+\frac{5}{12}+\frac{5}{6}$ c) $\frac{4}{5}+\frac{5}{8}+\frac{9}{16}$

d) $\frac{7}{9}+\frac{11}{15}+\frac{3}{4}$ e) $\frac{3}{10}+\frac{14}{15}+\frac{17}{25}$ f) $\frac{7}{12}+\frac{11}{18}+\frac{17}{30}$

g) $\frac{11}{16}+\frac{11}{12}+\frac{11}{48}$ h) $\frac{2}{3}+\frac{4}{5}+\frac{5}{6}$ i) $\frac{4}{11}+\frac{5}{33}+\frac{7}{44}$

k) $\frac{2}{9}+\frac{5}{18}+\frac{17}{30}$ l) $\frac{11}{30}+\frac{17}{40}+\frac{27}{50}$ m) $\frac{14}{15}+\frac{13}{20}+\frac{39}{50}$

n) $\frac{17}{18}+\frac{13}{24}+\frac{28}{45}$ o) $\frac{2}{3}+\frac{3}{4}+\frac{5}{6}+\frac{7}{8}$

p) $\frac{4}{7}+\frac{13}{21}+\frac{14}{15}+\frac{19}{28}$ q) $\frac{5}{6}+\frac{4}{15}+\frac{3}{4}+\frac{17}{20}$

r) $\frac{25}{28}+\frac{17}{35}+\frac{11}{15}+\frac{7}{10}$ s) $\frac{7}{8}+\frac{25}{124}+\frac{5}{72}+\frac{13}{15}$

t) $\frac{15}{22}+\frac{5}{48}+\frac{17}{36}+\frac{25}{33}$ u) $\frac{19}{24}+\frac{9}{20}+\frac{23}{30}+\frac{17}{45}$

v) $\frac{3}{4}+\frac{7}{8}+\frac{5}{12}+\frac{13}{20}+\frac{20}{21}$ w) $\frac{5}{6}+\frac{6}{7}+\frac{23}{28}+\frac{11}{24}+\frac{20}{21}$

x) $\frac{4}{5}+\frac{7}{9}+\frac{21}{25}+\frac{14}{15}+\frac{13}{75}+\frac{13}{45}$

y) $\frac{19}{35}+\frac{1}{2}+\frac{26}{55}+\frac{9}{11}+\frac{53}{70}+\frac{5}{7}$

z) $\frac{16}{45}+\frac{29}{60}+\frac{17}{36}+\frac{53}{90}+\frac{17}{48}+\frac{55}{32}$

5. Aufgabe: Berechne ebenso.

a) $7\frac{3}{4} + 5\frac{2}{3}$

b) $4\frac{11}{12} + 7\frac{5}{8}$

c) $3\frac{5}{9} + 4\frac{5}{12}$

d) $6\frac{4}{15} + 9\frac{5}{6}$

e) $11\frac{11}{14} + 3\frac{13}{21}$

f) $17\frac{12}{25} + 18\frac{9}{10}$

g) $10\frac{13}{16} + 5\frac{7}{24}$

h) $4\frac{2}{7} + 3\frac{4}{5}$

i) $2\frac{1}{9} + 3\frac{5}{21}$

k) $25\ \frac{25}{26} + 11\frac{11}{39}$

l) $3\frac{7}{12} + 4\frac{11}{15} + 7\frac{3}{5}$

m) $5\frac{11}{12} + 13\frac{41}{50} + 7\frac{11}{72}$

n) $23\frac{7}{12} + 4\frac{14}{15} + 17\frac{3}{4}$

o) $28\frac{5}{18} + 43\frac{17}{25} + 47\frac{13}{15}$

p) $7\frac{3}{4} + 14\frac{4}{5} + 68\frac{5}{6} + 73\frac{7}{8}$

q) $27\frac{25}{36} + 78\frac{13}{45} + 21\frac{49}{60} + 15\frac{17}{90}$

r) $18\frac{7}{8} + 14\frac{23}{24} + 11\frac{10}{27} + 44\frac{7}{45}$

s) $29\frac{6}{7} + 25\frac{5}{12} + 79\frac{17}{21} + 46\frac{41}{42} + 55\frac{11}{14}$

t) $24\frac{31}{45} + 18\frac{4}{5} + 13\frac{16}{75} + 5\frac{8}{9} + 72\frac{21}{25} + 83\frac{7}{50}$

u) $7\frac{19}{70} + 6\frac{11}{50} + 8\frac{9}{10} + 7\frac{12}{35} + 50\frac{1}{2} + 17\frac{17}{25}$

v) $25\frac{3}{4} + 51\frac{11}{36} + 92\frac{5}{12} + \frac{7}{9} + \frac{17}{18} + 13\frac{5}{8} + \frac{2}{3}$

w) $62\frac{7}{9} + 55\frac{7}{15} + 7\frac{13}{14} + 41\frac{8}{9} + 91\frac{6}{7} + 33\frac{8}{15}$

x) $85\frac{11}{12} + 17\frac{2}{3} + 76\frac{17}{18} + 4\frac{1}{2} + \frac{8}{45} + \frac{7}{8} + \frac{5}{9}$

y) $8\frac{11}{36} + 12\frac{23}{30} + 14\frac{27}{40} + 23\frac{8}{15} + 71\frac{3}{50} + 5\frac{19}{45}$

c) Subtraktion

Bei der Subtraktion von Brüchen verfährt man nach dem gleichen Rezept wie bei der Addition:

1. Nennergleiche Brüche werden subtrahiert, indem man ihre Zähler subtrahiert und den gemeinsamen Nenner beibehält.

$$\frac{7}{9} - \frac{2}{9} = \frac{7-2}{9} = \frac{5}{9}$$

$$\frac{13}{24} - \frac{7}{24} = \frac{13-7}{24} = \frac{6}{24} = \frac{1}{4}$$

$$\frac{14}{15} - \frac{8}{15} = \frac{6}{15} = \frac{2}{5}$$

Allgemein: $\boxed{\frac{a}{c} - \frac{b}{c} = \frac{a-b}{c} \quad c \neq 0;\ a \geq b}$

2. Nicht nennergleiche Brüche werden vor dem Subtrahieren durch geeignetes Erweitern nennergleich gemacht.

$$\frac{5}{8} - \frac{7}{12} = \frac{15}{24} - \frac{14}{24} = \frac{15-14}{24} = \frac{1}{24}$$

$$\frac{3}{7} - \frac{2}{21} = \frac{9}{21} - \frac{2}{21} = \frac{9-2}{21} = \frac{7}{21} = \frac{1}{3}$$

$$\frac{16}{35} - \frac{4}{21} = \frac{48}{105} - \frac{20}{105} = \frac{48-20}{105} = \frac{28}{105} = \frac{4}{15}$$

6. Aufgabe: Berechne. Gib das Endergebnis stets in vollständig gekürzter Form an.

a) $\frac{15}{16} - \frac{7}{16}$ b) $\frac{19}{24} - \frac{13}{24}$ c) $\frac{17}{25} - \frac{12}{25}$ d) $\frac{3}{4} - \frac{2}{3}$

e) $\frac{11}{12} - \frac{3}{8}$ f) $\frac{14}{15} - \frac{5}{6}$ g) $\frac{3}{7} - \frac{2}{21}$ h) $\frac{17}{18} - \frac{2}{27}$

i) $\frac{7}{12} - \frac{3}{14}$ k) $\frac{7}{12} - \frac{2}{9}$ l) $\frac{28}{33} - \frac{1}{6}$ m) $\frac{28}{33} - \frac{5}{22}$

n) $\frac{29}{30} - \frac{29}{42}$ o) $\frac{53}{56} - \frac{31}{42}$ p) $\frac{13}{72} - \frac{11}{81}$ q) $\frac{15}{22} - \frac{5}{33}$

Bei der Subtraktion gemischter Zahlen kannst du die Ganzen für sich und die Brüche für sich subtrahieren.

1. Beispiel:

$$12\frac{5}{8} - 5\frac{3}{8} = (12-5) + \left(\frac{5}{8} - \frac{3}{8}\right) = 7 + \frac{2}{8} = 7\frac{1}{4}$$

2. Beispiel:

$$15\frac{3}{4} - 8\frac{2}{3} = 15\frac{9}{12} - 8\frac{8}{12} = (15-8) + \left(\frac{9}{12} - \frac{8}{12}\right) = 7\frac{1}{12}$$

3. Beispiel:

$$22\frac{7}{12} - 22\frac{5}{18} = 22\frac{21}{36} - 22\frac{10}{36} = (22-22) + \left(\frac{21}{36} - \frac{10}{36}\right) = \frac{11}{36}$$

Gelegentlich ist es erforderlich, beim Minuenden, also bei der Zahl vor dem Minuszeichen, eines der vorhandenen Ganzen in einen Bruch umzuwandeln und dem dort schon stehenden Bruch zuzuschlagen.

1. Beispiel:

$$13\frac{3}{10} - 5\frac{7}{10} = 12\frac{13}{10} - 5\frac{7}{10} =$$

$$= (12-5) + \left(\frac{13}{10} - \frac{7}{10}\right) = 7 + \frac{6}{10} = 7\frac{3}{5}$$

2. Beispiel:

$$6\frac{1}{3} - 5\frac{3}{4} = 6\frac{4}{12} - 5\frac{9}{12} = 5\frac{16}{12} - 5\frac{9}{12} =$$

$$= (5-5) + \left(\frac{16}{12} - \frac{9}{12}\right) = \frac{7}{12}$$

7. Aufgabe: Berechne ebenso. Gib das Ergebnis stets in vollständig gekürzter Form an.

a) $2\frac{2}{3} - 1\frac{1}{4}$ b) $12\frac{7}{8} - 3\frac{1}{3}$ c) $5\frac{4}{5} - 2\frac{4}{15}$

d) $12\frac{8}{15} - 3\frac{2}{3}$ e) $15\frac{23}{50} - 13\frac{8}{15}$ f) $8\frac{11}{12} - 3\frac{2}{3}$

g) $11\frac{15}{16} - 8\frac{5}{12}$ h) $37\frac{7}{24} - 21\frac{11}{36}$ i) $19\frac{5}{6} - 5\frac{10}{33}$

k) $17\frac{21}{40} - 3\frac{5}{16}$ l) $4\frac{7}{21} - 3\frac{13}{14}$ m) $27\frac{18}{25} - 18\frac{27}{35}$

n) $17\frac{3}{14} - 7\frac{5}{21}$ o) $28\frac{19}{63} - 15\frac{10}{81}$ p) $66\frac{31}{42} - 55\frac{53}{56}$

d) Multiplikation

Für den Flächeninhalt A eines Rechteckes mit den Seitenlängen a und b gilt:

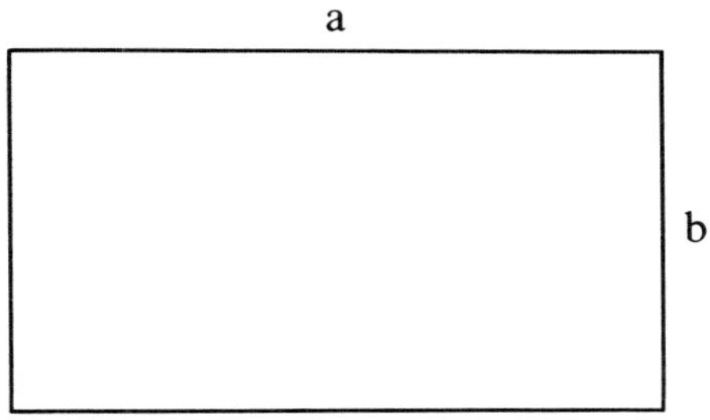

$$A = a \cdot b$$

1. Beispiel:

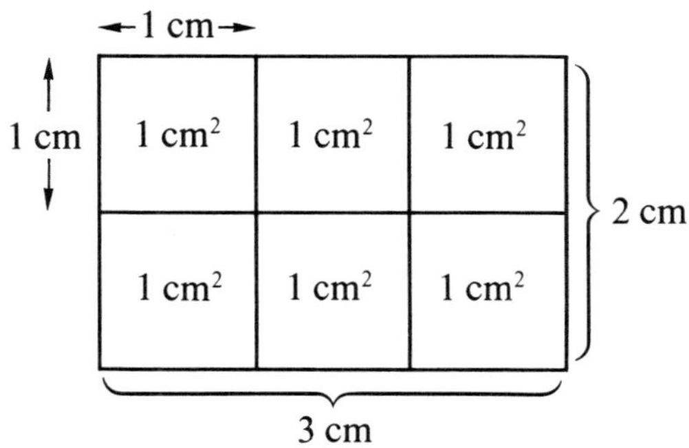

$$A = 3\ \text{cm} \cdot 2\ \text{cm} = (3 \cdot 2)\ \text{cm}^2 = 6\ \text{cm}^2$$

2. Beispiel:

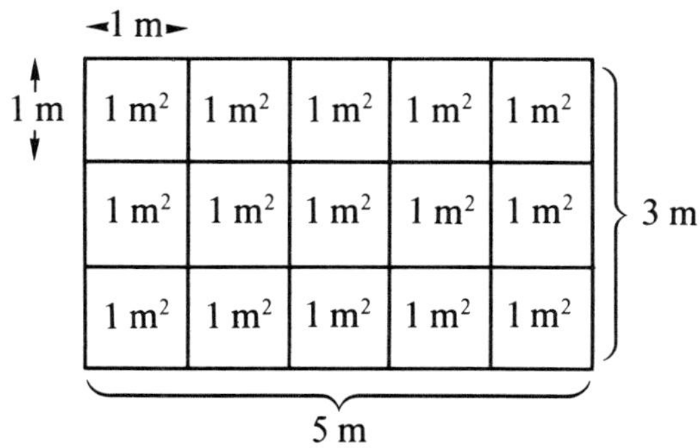

$$A = 5\ \text{m} \cdot 3\ \text{m} = (5 \cdot 3)\ \text{m}^2 = 15\ \text{m}^2$$

Aber wie groß ist
diese Fläche?

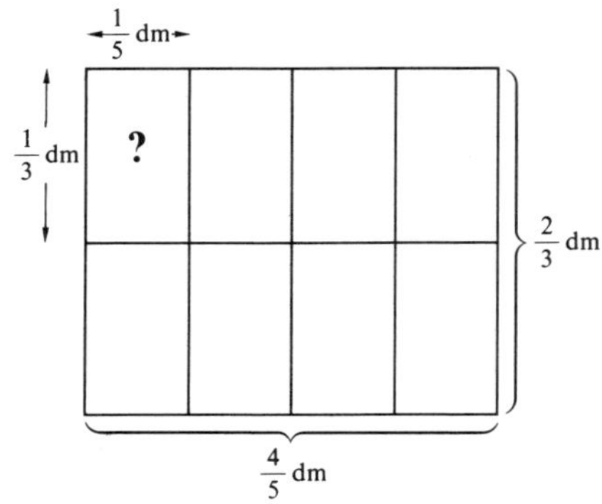

$$A = \frac{4}{5}\,\text{dm} \cdot \frac{2}{3}\,\text{dm} = \frac{4}{5} \cdot \frac{2}{3}\,\text{dm}^2 = ???\,\text{dm}^2$$

Überlege so:
Das Quadrat von 1 dm Länge und 1 dm Breite hat einen Flächeninhalt von
$A = 1\,\text{dm} \cdot 1\,\text{dm} = 1\,\text{dm}^2$.

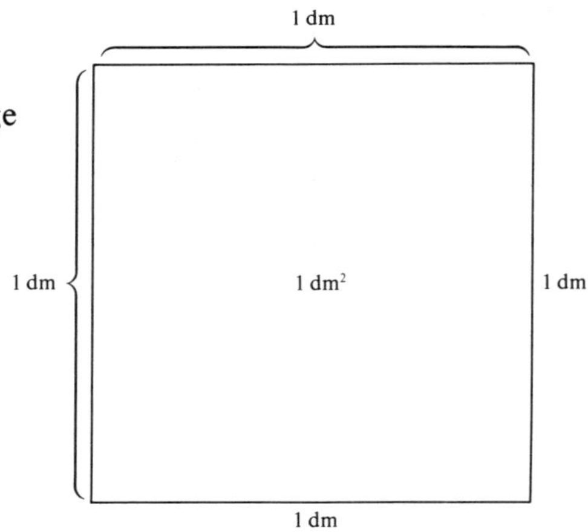

Seine Länge wird in 5 gleiche Teile zerlegt, seine Breite wird in 3 gleiche Teile zerlegt. Der Flächeninhalt des Quadrates wird dadurch in 15 gleiche Teile zerlegt. Jeder dieser Teile hat einen Flächeninhalt von $\frac{1}{15}\,\text{dm}^2$.

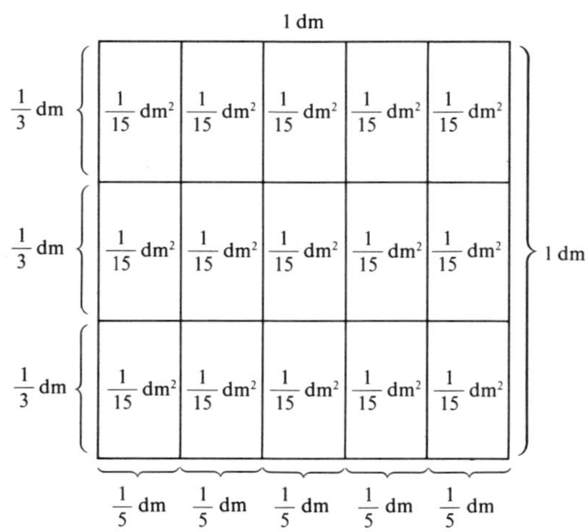

Die Fläche des Rechtecks mit den Seitenlängen $\frac{4}{5}$ dm und $\frac{2}{3}$ dm besteht aus 8 dieser gleichgroßen Teilflächen.
Der Flächeninhalt des Rechtecks beträgt also $\frac{8}{15}$ dm², und deshalb sollte gelten:

$$\frac{4}{5}\,\text{dm} \cdot \frac{2}{3}\,\text{dm} =$$

$$= \left(\frac{4}{5} \cdot \frac{2}{3}\right) \text{dm}^2 = \frac{8}{15}\,\text{dm}^2$$

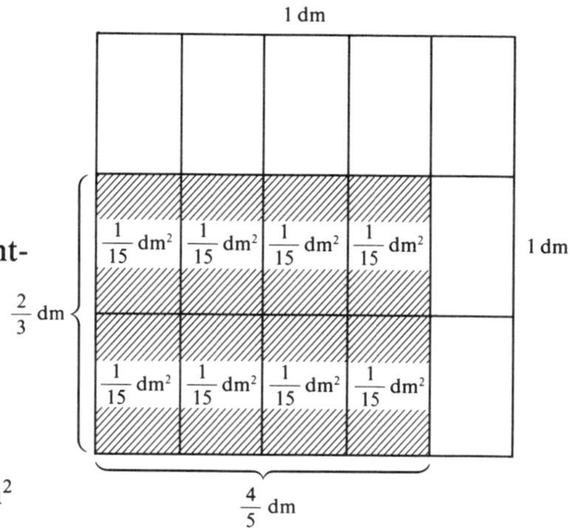

Es erweist sich also als sinnvoll, dem Produkt aus den beiden Brüchen $\frac{4}{5}$ und $\frac{2}{3}$ den Wert $\frac{8}{15}$ zuzuordnen:

$$\frac{4}{5} \cdot \frac{2}{3} = \frac{8}{15}$$

Diesen Produktwert erhält man, wenn man sowohl die Zähler, als auch die Nenner der beiden Brüche miteinander multipliziert:

$$\frac{4}{5} \cdot \frac{2}{3} = \frac{4 \cdot 2}{5 \cdot 3} = \frac{8}{15}$$

Ähnliche Überlegungen kann man mit jedem beliebigen Paar von Brüchen anstellen.
Deshalb hat man allgemein festgelegt:

> Zwei Brüche werden multipliziert, indem man Zähler mit Zähler und Nenner mit Nenner multipliziert.
>
> $$\frac{a}{b} \cdot \frac{c}{d} = \frac{a \cdot c}{b \cdot d}\,; \quad b \neq 0,\ d \neq 0$$

Beispiele:

$$\frac{3}{4} \cdot \frac{5}{8} = \frac{3 \cdot 5}{4 \cdot 8} = \frac{15}{32} \qquad \frac{7}{12} \cdot \frac{11}{15} = \frac{7 \cdot 11}{12 \cdot 15} = \frac{77}{180}$$

$$\frac{5}{6} \cdot \frac{23}{24} = \frac{5 \cdot 23}{6 \cdot 24} = \frac{115}{144}$$

$$5 \cdot \frac{7}{8} = \frac{5}{1} \cdot \frac{7}{8} = \frac{5 \cdot 7}{1 \cdot 8} = \frac{35}{8} = 4\frac{3}{8}$$

$$\frac{9}{11} \cdot 6 = \frac{9}{11} \cdot \frac{6}{1} = \frac{9 \cdot 6}{11 \cdot 1} = \frac{54}{11} = 4\frac{10}{11}$$

In den meisten Fällen ist es möglich, vor dem Multiplizieren zu kürzen (siehe auch S. 34).

Beispiele:

$$\frac{24}{35} \cdot \frac{49}{72} = \frac{\overset{1}{\cancel{24}} \cdot \overset{7}{\cancel{49}}}{\underset{5}{\cancel{35}} \cdot \underset{3}{\cancel{72}}} = \frac{1 \cdot 7}{5 \cdot 3} = \frac{7}{15}$$

$$\frac{15}{32} \cdot \frac{32}{45} = \frac{\overset{1}{\cancel{15}} \cdot \overset{1}{\cancel{32}}}{\underset{1}{\cancel{32}} \cdot \underset{3}{\cancel{45}}} = \frac{1 \cdot 1}{1 \cdot 3} = \frac{1}{3}$$

$$\frac{25}{52} \cdot \frac{39}{60} = \frac{\overset{5}{\cancel{25}} \cdot \overset{\overset{1}{\cancel{3}}}{\cancel{39}}}{\underset{4}{\cancel{52}} \cdot \underset{\underset{4}{\cancel{12}}}{\cancel{60}}} = \frac{5 \cdot 1}{4 \cdot 4} = \frac{5}{16}$$

$$\frac{5}{8} \cdot 12 = \frac{5}{8} \cdot \frac{12}{1} = \frac{5 \cdot \overset{3}{\cancel{12}}}{\underset{2}{\cancel{8}} \cdot 1} = \frac{5 \cdot 3}{2 \cdot 1} = \frac{15}{2} = 7\frac{1}{2}$$

8. Aufgabe: Berechne ebenso. Kürze stets vor dem Multiplizieren. Schreibe das Ergebnis, wenn möglich, auch als gemischte Zahl.

a) $\frac{4}{5} \cdot \frac{15}{16}$	b) $\frac{9}{11} \cdot \frac{33}{45}$	c) $\frac{3}{4} \cdot \frac{8}{9}$	d) $\frac{7}{22} \cdot \frac{11}{28}$
e) $\frac{6}{13} \cdot \frac{26}{33}$	f) $\frac{7}{8} \cdot \frac{4}{5}$	g) $\frac{11}{14} \cdot \frac{21}{44}$	h) $\frac{16}{25} \cdot \frac{15}{28}$
i) $\frac{5}{12} \cdot \frac{36}{85}$	k) $\frac{15}{22} \cdot \frac{62}{75}$	l) $\frac{12}{49} \cdot \frac{21}{64}$	m) $\frac{14}{15} \cdot \frac{10}{21}$
n) $\frac{25}{39} \cdot \frac{26}{45}$	o) $\frac{26}{81} \cdot \frac{27}{52}$	p) $\frac{18}{55} \cdot \frac{121}{144}$	q) $\frac{5}{18} \cdot \frac{12}{35}$
r) $\frac{11}{12} \cdot 18$	s) $15 \cdot \frac{23}{25}$	t) $\frac{18}{55} \cdot \frac{5}{24}$	u) $\frac{4}{45} \cdot \frac{9}{16}$

Gemischte Zahlen müssen vor der Multiplikation in unechte Brüche umgewandelt werden.

Beispiele:

$$7\frac{1}{2} \cdot 3\frac{3}{5} = \frac{15}{2} \cdot \frac{18}{5} = \frac{\overset{3}{\cancel{15}} \cdot \overset{9}{\cancel{18}}}{\underset{1}{\cancel{2}} \cdot \underset{1}{\cancel{5}}} = \frac{3 \cdot 9}{1 \cdot 1} = \frac{27}{1} = 27$$

$$5\frac{3}{4} \cdot 2\frac{2}{5} = \frac{23}{4} \cdot \frac{12}{5} = \frac{23 \cdot \overset{3}{\cancel{12}}}{\underset{1}{\cancel{4}} \cdot 5} = \frac{23 \cdot 3}{1 \cdot 5} = \frac{69}{5} = 13\frac{4}{5}$$

$$12\frac{5}{6} \cdot 15\frac{6}{11} = \frac{77}{6} \cdot \frac{171}{11} = \frac{\overset{7}{\cancel{77}} \cdot \overset{57}{\cancel{171}}}{\underset{2}{\cancel{6}} \cdot \underset{1}{\cancel{11}}} = \frac{7 \cdot 57}{2 \cdot 1} = \frac{399}{2} = 199\frac{1}{2}$$

$$4\frac{5}{12} \cdot 9 = \frac{53}{12} \cdot \frac{9}{1} = \frac{53 \cdot \overset{3}{\cancel{9}}}{\underset{4}{\cancel{12}} \cdot 1} = \frac{53 \cdot 3}{4 \cdot 1} = \frac{154}{4} = 39\frac{3}{4}$$

$$12 \cdot 10\frac{3}{8} = \frac{12}{1} \cdot \frac{83}{8} = \frac{\overset{3}{\cancel{12}} \cdot 83}{1 \cdot \underset{2}{\cancel{8}}} = \frac{3 \cdot 83}{1 \cdot 2} = \frac{249}{2} = 124\frac{1}{2}$$

9. Aufgabe: Berechne ebenso. Gib das Ergebnis stets in vollständig gekürzter Form und, wenn möglich, als gemischte Zahl an.

a) $2\frac{1}{2} \cdot 3\frac{1}{3}$	b) $5\frac{3}{5} \cdot 3\frac{3}{4}$	c) $4\frac{2}{5} \cdot 1\frac{1}{4}$
d) $15\frac{3}{8} \cdot 16\frac{2}{3}$	e) $5\frac{1}{3} \cdot 3\frac{3}{8}$	f) $8\frac{4}{7} \cdot 7\frac{7}{8}$
g) $11\frac{1}{3} \cdot 4\frac{5}{6}$	h) $3\frac{3}{4} \cdot 8\frac{2}{5}$	i) $4 \cdot 2\frac{5}{16}$
k) $25 \cdot 3\frac{8}{15}$	l) $72\frac{1}{4} \cdot 44\frac{3}{5}$	m) $41\frac{3}{35} \cdot 21$
n) $13\frac{3}{4} \cdot 9\frac{3}{5}$	o) $23\frac{5}{6} \cdot 12\frac{3}{8}$	p) $85 \cdot 17\frac{3}{34}$

Natürlich lassen sich auf diese Weise auch mehr als zwei Brüche miteinander multiplizieren.

Beispiele:

$$\frac{4}{5}\cdot\frac{3}{8}\cdot\frac{20}{21}=\frac{\overset{1}{\cancel{4}}\cdot\overset{1}{\cancel{3}}\cdot\overset{\overset{2}{\cancel{4}}}{\cancel{20}}}{\underset{1}{\cancel{5}}\cdot\underset{\underset{1}{\cancel{2}}}{\cancel{8}}\cdot\underset{7}{\cancel{21}}}=\frac{1\cdot1\cdot2}{1\cdot1\cdot7}=\frac{2}{7}$$

$$12\frac{3}{4}\cdot3\frac{1}{3}\cdot\frac{3}{4}=\frac{51\cdot\overset{5}{\cancel{10}}\cdot\overset{1}{\cancel{3}}}{4\cdot\underset{1}{\cancel{3}}\cdot\underset{2}{\cancel{4}}}=\frac{51\cdot5\cdot1}{4\cdot1\cdot2}=\frac{255}{8}=3\frac{7}{8}$$

$$3\frac{1}{7}\cdot5\frac{1}{4}\cdot3\frac{5}{8}\cdot7\frac{1}{2}=\frac{\overset{11}{\cancel{22}}\cdot\overset{3}{\cancel{21}}\cdot29\cdot15}{\underset{1}{\cancel{7}}\cdot4\cdot8\cdot\underset{1}{\cancel{2}}}=$$

$$=\frac{11\cdot3\cdot29\cdot15}{1\cdot4\cdot8\cdot1}=\frac{14355}{32}=448\frac{19}{32}$$

$$2\frac{3}{4}\cdot14\cdot\frac{7}{15}\cdot3\frac{2}{21}=\frac{11\cdot\overset{7}{\cancel{14}}\cdot\overset{1}{\cancel{7}}\cdot\overset{13}{\cancel{65}}}{\underset{2}{\cancel{4}}\cdot1\cdot\underset{3}{\cancel{15}}\cdot\underset{3}{\cancel{21}}}=$$

$$=\frac{11\cdot7\cdot1\cdot13}{2\cdot1\cdot3\cdot3}=\frac{1001}{18}=55\frac{11}{18}$$

$$\frac{3}{7}\cdot12\cdot\frac{5}{6}\cdot3\frac{1}{3}\cdot2\frac{4}{5}=\frac{\overset{1}{\cancel{3}}\cdot\overset{2}{\cancel{12}}\cdot\overset{1}{\cancel{5}}\cdot10\cdot\overset{2}{\cancel{14}}}{\underset{1}{\cancel{7}}\cdot1\cdot\underset{1}{\cancel{6}}\cdot\underset{1}{\cancel{3}}\cdot\underset{1}{\cancel{5}}}=$$

$$=\frac{1\cdot2\cdot1\cdot10\cdot2}{1\cdot1\cdot1\cdot1\cdot1}=\frac{40}{1}=40$$

10. Aufgabe: Berechne ebenso. Gib das Ergebnis stets vollständig gekürzt und, wenn möglich, als gemischte Zahl an.

a) $\frac{2}{3}\cdot\frac{1}{4}\cdot\frac{4}{5}$ b) $\frac{11}{12}\cdot\frac{14}{99}\cdot\frac{36}{77}$ c) $\frac{9}{16}\cdot\frac{4}{27}\cdot\frac{3}{8}$

d) $\frac{7}{8}\cdot\frac{44}{49}\cdot\frac{14}{33}$ e) $\frac{5}{8}\cdot\frac{4}{15}\cdot\frac{3}{7}$ f) $\frac{5}{12}\cdot\frac{14}{15}\cdot\frac{5}{7}$

g) $\frac{10}{27}\cdot\frac{15}{16}\cdot\frac{18}{25}$ h) $\frac{18}{25}\cdot15\cdot\frac{35}{63}$

i) $\frac{11}{13} \cdot \frac{7}{24} \cdot 8 \cdot \frac{9}{22} \cdot \frac{1}{33}$

k) $\frac{6}{7} \cdot \frac{3}{4} \cdot \frac{11}{12} \cdot \frac{21}{88}$

l) $\frac{13}{24} \cdot \frac{11}{12} \cdot \frac{3}{4} \cdot \frac{32}{39} \cdot 26$

m) $\frac{16}{21} \cdot \frac{16}{57} \cdot \frac{19}{28} \cdot \frac{45}{64}$

n) $2\frac{1}{2} \cdot 3\frac{1}{3} \cdot 1\frac{1}{5}$

o) $11\frac{3}{4} \cdot 7\frac{5}{8} \cdot 3\frac{1}{6}$

p) $7\frac{1}{2} \cdot 3\frac{3}{5} \cdot 5\frac{1}{8}$

q) $3\frac{1}{7} \cdot 5\frac{1}{4} \cdot 3\frac{5}{8} \cdot 7\frac{1}{2} \cdot 32$

r) $\frac{3}{4} \cdot 3\frac{4}{9} \cdot \frac{5}{31} \cdot 6\frac{2}{3}$

s) $12\frac{1}{2} \cdot \frac{4}{15} \cdot 7\frac{5}{6} \cdot 18$

e) Potenzen

Jetzt können wir auch Potenzen von Brüchen berechnen. Eine Potenz besteht aus Basis (Grundzahl) und Exponent (Hochzahl):

Das ist die Basis ⟶ 3^5 ← Das ist der Exponent
gelesen: „3 hoch 5“

Der Exponent gibt an, wieviel mal die Basis als Faktor gesetzt werden soll.

Beispiele:

$$\left(\frac{3}{4}\right)^2 = \frac{3 \cdot 3}{4 \cdot 4} = \frac{9}{16}$$

$$\left(\frac{3}{8}\right)^3 = \frac{3 \cdot 3 \cdot 3}{8 \cdot 8 \cdot 8} = \frac{27}{512}$$

$$\left(\frac{2}{3}\right)^4 = \frac{2 \cdot 2 \cdot 2 \cdot 2}{3 \cdot 3 \cdot 3 \cdot 3} = \frac{16}{81}$$

$$\left(2\frac{1}{2}\right)^3 = \left(\frac{5}{2}\right)^3 = \frac{5 \cdot 5 \cdot 5}{2 \cdot 2 \cdot 2} = \frac{125}{8} = 15\frac{5}{8}$$

$$\left(1\frac{2}{5}\right)^5 = \left(\frac{7}{5}\right)^5 = \frac{7 \cdot 7 \cdot 7 \cdot 7 \cdot 7}{5 \cdot 5 \cdot 5 \cdot 5 \cdot 5} = \frac{16\,807}{3\,125} = 5\frac{1\,182}{3\,125}$$

Bei der Multiplikation zweier Potenzen oder einer Potenz mit einem Bruch ist es ratsam, die Potenzen zunächst nur als unausgerechnete Produkte aufzuschreiben. Man kann dann möglicherweise erst einmal kürzen, wodurch die endgültige Berechnung oft erheblich vereinfacht wird.

Beispiele:

$$\left(\frac{3}{4}\right)^3 \cdot \left(\frac{2}{3}\right)^4 = \frac{3\cdot 3\cdot 3}{4\cdot 4\cdot 4} \cdot \frac{2\cdot 2\cdot 2\cdot 2}{3\cdot 3\cdot 3\cdot 3} = \frac{\cancel{3}\cdot\cancel{3}\cdot\cancel{3}\cdot\cancel{2}\cdot\cancel{2}\cdot\cancel{2}\cdot\cancel{2}}{\cancel{4}\cdot\cancel{4}\cdot 4\cdot\cancel{3}\cdot\cancel{3}\cdot\cancel{3}\cdot 3} = \frac{1}{12}$$

$$\left(\frac{4}{5}\right)^5 \left(\frac{5}{16}\right)^3 = \frac{\cancel{4}\cdot\cancel{4}\cdot\cancel{4}\cdot\cancel{4}\cdot\cancel{4}\cdot\cancel{5}\cdot\cancel{5}\cdot\cancel{5}}{\cancel{5}\cdot\cancel{5}\cdot\cancel{5}\cdot 5\cdot 5\cdot\cancel{16}\cdot\cancel{16}\cdot\underset{4}{\cancel{16}}} = \frac{1}{100}$$

$$\frac{8}{15} \cdot \left(\frac{3}{4}\right)^3 = \frac{\cancel{8}\cdot\cancel{3}\cdot 3\cdot 3}{\underset{5}{\cancel{15}}\cdot\cancel{4}\cdot\underset{2}{\cancel{4}}\cdot 4} = \frac{9}{40}$$

$$\left(2\frac{1}{4}\right)^2 \cdot \left(1\frac{7}{9}\right)^3 = \left(\frac{9}{4}\right)^2 \cdot \left(\frac{16}{9}\right)^3 = \frac{\cancel{9}\cdot\cancel{9}\cdot\cancel{16}\cdot 16\cdot 16}{\cancel{4}\cdot\cancel{4}\cdot\cancel{9}\cdot\cancel{9}\cdot 9} = \frac{256}{9} = 28\frac{4}{9}$$

11. Aufgabe: Berechne ebenso. Gib das Ergebnis stets in vollständig gekürzter Form und, wenn möglich, als gemischte Zahl an.

a) $\left(\frac{2}{3}\right)^4$ b) $\left(\frac{1}{2}\right)^5$ c) $\left(3\frac{1}{3}\right)^3$ d) $\left(1\frac{1}{2}\right)^4$

e) $\left(\frac{3}{4}\right)^4 \cdot \left(\frac{2}{3}\right)^5$ f) $\left(\frac{2}{5}\right)^5 \cdot \left(\frac{5}{8}\right)^2$ g) $\left(\frac{4}{9}\right)^2 \cdot \left(1\frac{1}{2}\right)^4$

h) $\left(\frac{7}{8}\right)^2 \cdot 1\frac{3}{5}$ i) $\left(1\frac{3}{5}\right)^3 \cdot \left(\frac{5}{8}\right)^2$ k) $\left(4\frac{1}{5}\right)^2 \cdot \left(2\frac{1}{7}\right)^3 \cdot \left(\frac{2}{3}\right)^5$

l) $\left(\frac{3}{8}\right)^4 \cdot \left(\frac{8}{9}\right)^2$ m) $\left(7\frac{1}{2}\right)^2 \cdot \left(5\frac{1}{3}\right)^3$ n) $\left(1\frac{1}{6}\right)^5 \cdot \left(1\frac{1}{7}\right)^3$

o) $\left(2\frac{1}{2}\right)^3 \cdot \left(1\frac{1}{5}\right)^2$ p) $\left(\frac{5}{9}\right)^5 \cdot \left(3\frac{3}{5}\right)^4$ q) $\left(\frac{5}{6}\right)^3 \cdot \left(1\frac{1}{5}\right)^4$

f) Division

Die Division ist die Umkehrung der Multiplikation.

Aus $3 \cdot 5 = 15$ folgt $15 : 5 = 3$

Aus $4 \cdot 7 = 28$ folgt $28 : 7 = 4$

$$\text{Aus } \frac{3}{4} \cdot \frac{5}{7} = \frac{3 \cdot 5}{4 \cdot 7} = \frac{15}{28} \text{ folgt } \frac{15}{28} : \frac{5}{7} = \frac{15:5}{28:7} = \frac{3}{4}$$

Daraus ergibt sich die folgende Regel:
Brüche werden dividiert, indem man Zähler durch Zähler und Nenner durch Nenner dividiert:

$$\frac{a}{b} : \frac{c}{d} = \frac{a:c}{b:d}; \quad b \neq 0,\ c \neq 0,\ d \neq 0$$

Beispiele:

$$\frac{10}{21} : \frac{2}{3} = \frac{10:2}{21:3} = \frac{5}{7} \qquad \frac{12}{35} : \frac{4}{7} = \frac{12:4}{35:7} = \frac{3}{5}$$

$$\frac{28}{45} : \frac{4}{9} = \frac{28:4}{45:9} = \frac{7}{5} = 1\frac{2}{5}$$

Unser Verfahren zur Division von Brüchen ist zwar recht einfach und einsichtig, es läßt sich aber in dieser einfachen Form nur sehr beschränkt verwenden.

Beispielsweise versagt es bei der Aufgabe $\frac{3}{7} : \frac{4}{5}$. Es versagt, weil 3 kein Vielfaches von 4 und 7 kein Vielfaches von 5 ist, weil also die Divisionen 3 : 4 und 5 : 7 nicht „aufgehen".

Der Versuch, diese Aufgabe zu lösen, führt erst nach Umwegen zum Ziel:

1. Versuch: $\frac{3}{7} : \frac{4}{5} = \frac{3:4}{7:5} = ?$

2. Versuch:

$$\frac{3}{7} : \frac{4}{5} =$$

$$\frac{3 \cdot 4}{7 \cdot 4} : \frac{4}{5} : \frac{(3 \cdot 4) : 4}{(7 \cdot 4) : 5} =$$

$$\frac{3}{28 : 5} = \frac{3}{??}$$

3. Versuch:

$$\frac{3}{7} : \frac{4}{5} =$$

$$\frac{3 \cdot 5}{7 \cdot 5} : \frac{4}{5} =$$

$$\frac{(3 \cdot 5) : 4}{(7 \cdot 5) : 4} =$$

$$\frac{15 : 4}{7} = \frac{??}{7}$$

4. Versuch:

$$\frac{3}{7} : \frac{4}{5} =$$

$$\frac{3 \cdot 4 \cdot 5}{7 \cdot 4 \cdot 5} : \frac{4}{5} =$$

$$\frac{(3 \cdot 4 \cdot 5) : 4}{(7 \cdot 4 \cdot 5) : 5} =$$

$$\frac{3 \cdot 5}{7 \cdot 4} = \frac{15}{28}$$

Dazu noch ein Beispiel:

$$\frac{5}{8}:\frac{2}{3}=\frac{5\cdot 2\cdot 3}{8\cdot 2\cdot 3}:\frac{2}{3}=\frac{(5\cdot 2\cdot 3):2}{(8\cdot 2\cdot 3):3}=\frac{5\cdot 3}{8\cdot 2}=\frac{15}{16}=\frac{5}{8}\cdot\frac{3}{2}$$

Betrachten wir nur das Anfangs- und das Endglied dieser Gleichungskette, dann erkennen wir:

$\frac{5}{8}:\mathbf{\frac{2}{3}}$	=	$\frac{5}{8}\cdot\mathbf{\frac{3}{2}}$
Die **Division durch $\frac{2}{3}$**	ist gleichbedeutend mit der	**Multiplikation mit $\frac{3}{2}$**

Der Bruch $\frac{3}{2}$ geht aus dem Bruch $\frac{2}{3}$ hervor, wenn man Zähler und Nenner miteinander vertauscht.
Man sagt: $\frac{3}{2}$ ist der Kehrbruch von $\frac{2}{3}$.

Allgemein ergibt sich aus unseren Überlegungen die folgende Regel:

> Durch einen Bruch wird dividiert, indem man mit dem Kehrbruch multipliziert.
>
> $\frac{a}{b}:\frac{c}{d}=\frac{a}{b}\cdot\frac{d}{c}$; $\quad b \neq 0;\ c \neq 0;\ d \neq 0$

Beispiele:

$$\frac{4}{7}:\frac{5}{12}=\frac{4}{7}\cdot\frac{12}{5}=\frac{4\cdot 12}{7\cdot 5}=\frac{48}{35}=1\frac{13}{35}$$

$$\frac{8}{9}:\frac{20}{27}=\frac{8}{9}\cdot\frac{27}{20}=\frac{\overset{2}{\cancel{8}}\cdot\overset{3}{\cancel{27}}}{\underset{1}{\cancel{9}}\cdot\underset{5}{\cancel{20}}}=\frac{6}{5}=1\frac{1}{5}$$

$$12:\frac{8}{9}=\frac{12}{1}\cdot\frac{9}{8}=\frac{\overset{3}{\cancel{12}}\cdot 9}{1\cdot\underset{2}{\cancel{8}}}=\frac{27}{2}=13\frac{1}{2}$$

$$\frac{14}{23}:8=\frac{14}{23}\cdot\frac{1}{8}=\frac{\overset{7}{14}\cdot 1}{23\cdot\underset{4}{8}}=\frac{7}{92}$$

$$8:5=\frac{8}{1}:\frac{5}{1}=\frac{8}{1}\cdot\frac{1}{5}=\frac{8\cdot 1}{1\cdot 5}=\frac{8}{5}=1\frac{3}{5}$$

12. Aufgabe: Berechne. Gib das Ergebnis stets in vollständig gekürzter Form an und, wenn möglich, auch als gemischte Zahl.

a) $\frac{1}{3}:\frac{4}{9}$	b) $\frac{1}{2}:\frac{2}{3}$	c) $\frac{4}{5}:\frac{8}{15}$	d) $\frac{2}{3}:\frac{8}{9}$
e) $\frac{9}{10}:\frac{6}{25}$	f) $\frac{4}{9}:\frac{16}{27}$	g) $\frac{3}{4}:\frac{2}{5}$	h) $7:\frac{2}{5}$
i) $\frac{21}{25}:8$	k) $\frac{7}{9}:\frac{7}{15}$	l) $\frac{13}{14}:\frac{6}{7}$	m) $\frac{38}{39}:\frac{19}{20}$
n) $\frac{3}{10}:\frac{4}{5}$	o) $\frac{6}{11}:\frac{18}{55}$	p) $\frac{15}{38}:\frac{18}{19}$	q) $\frac{26}{35}:\frac{39}{77}$
r) $\frac{15}{28}:\frac{25}{32}$	s) $\frac{27}{56}:\frac{33}{35}$	t) $\frac{32}{33}:\frac{48}{77}$	u) $\frac{144}{189}:\frac{54}{77}$
v) $\frac{121}{125}:\frac{66}{75}$	w) $\frac{38}{39}:\frac{19}{26}$	x) $35:\frac{25}{29}$	y) $\frac{45}{77}:72$
z) $\frac{25}{32}:\frac{15}{28}$			

Gemischte Zahlen müssen vor dem Dividieren in unechte Brüche umgewandelt werden.

Beispiele:

$$4\frac{2}{3}:3\frac{1}{2}=\frac{14}{3}:\frac{7}{2}=\frac{14}{3}\cdot\frac{2}{7}=\frac{\overset{2}{\cancel{14}}\cdot 2}{3\cdot\underset{1}{\cancel{7}}}=\frac{4}{3}=1\frac{1}{3}$$

$$7\frac{7}{8}:5\frac{1}{4}=\frac{63}{8}:\frac{21}{4}=\frac{63}{8}\cdot\frac{4}{21}=\frac{\overset{3}{\cancel{63}}\cdot\overset{1}{\cancel{4}}}{\underset{2}{\cancel{8}}\cdot\underset{1}{\cancel{21}}}=\frac{3}{2}=1\frac{1}{2}$$

$$12\frac{4}{5}:3\frac{3}{7}=\frac{64}{5}:\frac{24}{7}=\frac{64}{5}\cdot\frac{7}{24}=\frac{\overset{8}{\cancel{64}}\cdot 7}{5\cdot\underset{3}{\cancel{24}}}=\frac{56}{15}=3\frac{11}{15}$$

13. Aufgabe: Berechne. Gib das Ergebnis stets in vollständig gekürzter Form an und, wenn möglich, auch als gemischte Zahl.

a) $7\frac{2}{3}:\frac{5}{6}$ b) $\frac{3}{4}:2\frac{1}{2}$ c) $9\frac{3}{8}:15$

d) $77:3\frac{1}{9}$ e) $\frac{30}{49}:4\frac{2}{7}$ f) $\frac{15}{32}:1\frac{1}{24}$

g) $3\frac{3}{14}:5\frac{8}{21}$ h) $4\frac{1}{8}:3\frac{5}{12}$ i) $12\frac{3}{8}:4\frac{5}{24}$

k) $8\frac{2}{21}:21\frac{13}{14}$ l) $7\frac{7}{39}:8\frac{4}{13}$ m) $5\frac{2}{5}:1\frac{7}{20}$

n) $2\frac{1}{6}:3\frac{9}{10}$ o) $1\frac{17}{25}:3\frac{4}{15}$ p) $10\frac{11}{16}:5\frac{13}{24}$

q) $29\frac{13}{15}:21\frac{7}{9}$ r) $2\frac{1}{10}:1\frac{3}{25}$ s) $8\frac{23}{44}:3\frac{39}{77}$

t) $5\frac{30}{49}:14\frac{2}{7}$ u) $2\frac{9}{20}:\frac{21}{25}$ v) $25\frac{7}{9}:7\frac{11}{15}$

w) $9\frac{9}{14}:13\frac{11}{18}$ x) $2\frac{17}{30}:7\frac{1}{25}$ y) $5\frac{13}{24}:10\frac{11}{16}$

z) $142\frac{2}{9}:148\frac{4}{7}$

g) Doppelbrüche

Bei den Brüchen, die wir bisher behandelt haben, waren Zähler und Nenner stets natürliche Zahlen.
Gelegentlich treten aber auch solche Brüche auf, bei denen Zähler oder Nenner ebenfalls Brüche sind.

Beispiele:

$$\frac{\frac{2}{3}}{\frac{4}{5}}$$

$\frac{2}{3}$ ← Das ist der Zähler

— ← Das ist der Hauptbruchstrich

$\frac{4}{5}$ ← Das ist der Nenner

$\frac{2}{3}$ ← Zähler

— ← Hauptbruchstrich

5 ← Nenner

2 ← Zähler

— ← Hauptbruchstrich

$\frac{3}{5}$ ← Nenner

Um Verwechslungen auszuschließen, sollte der Hauptbruchstrich stets etwas länger und dicker sein als die übrigen Bruchstriche. Doppelbrüche sind in jeder Hinsicht unhandlich. Schon sie in ordentlicher Form hinzuschreiben ist beschwerlich, mit ihnen zu rechnen ist noch viel beschwerlicher. Es ist deshalb empfehlenswert, jeden Doppelbruch unmittelbar nach seinem erstmaligen Auftreten zu beseitigen. Und das gelingt so:

Wir wissen, daß die Divisionsaufgabe a:b als Ergebnis den Bruch $\frac{a}{b}$ hat.

$$a:b = \frac{a}{b}$$

Der Doppelbruch $\dfrac{\frac{2}{3}}{\frac{4}{5}}$ ist folglich das Ergebnis der Divisionsaufgabe $\frac{2}{3}:\frac{4}{5}$.

$$\frac{\frac{2}{3}}{\frac{4}{5}} = \frac{2}{3}:\frac{4}{5}$$

Diese Divisionsaufgabe können wir aber auch so berechnen:

$$\frac{2}{3}:\frac{4}{5} = \frac{\overset{1}{\cancel{2}}\cdot 5}{3\cdot \underset{2}{\cancel{4}}} = \frac{5}{6}$$

Der Doppelbruch $\dfrac{\frac{2}{3}}{\frac{4}{5}}$ und der einfache

Bruch $\frac{5}{6}$ sind Ergebnis ein und derselben Divisionsaufgabe. Beide sind gleich.

$$\frac{\frac{2}{3}}{\frac{4}{5}} = \frac{2}{3} : \frac{4}{5} = \frac{5}{6}$$

Unser Rezept zur Beseitigung von Doppelbrüchen lautet:

> Ein Doppelbruch wird in einen einfachen Bruch verwandelt, indem man seinen Zähler durch seinen Nenner teilt:
>
> $$\frac{\frac{a}{b}}{\frac{c}{c}} = \frac{a}{b} : \frac{c}{d}; \quad b \neq 0; c \neq 0; d \neq 0$$

Beispiele:

$$\frac{\frac{12}{25}}{\frac{4}{15}} = \frac{12}{25} : \frac{8}{15} = \frac{12}{25} \cdot \frac{15}{8} = \frac{\overset{3}{\cancel{12}} \cdot \overset{3}{\cancel{15}}}{\underset{5}{\cancel{25}} \cdot \underset{2}{\cancel{8}}} = \frac{9}{10}$$

$$\frac{\frac{8}{9}}{2} = \frac{8}{9} : 2 = \frac{8}{9} \cdot \frac{1}{2} = \frac{\overset{4}{\cancel{8}} \cdot 1}{9 \cdot \underset{1}{\cancel{2}}} = \frac{4}{9}$$

$$\frac{8}{\frac{9}{2}} = 8 : \frac{9}{2} = \frac{8}{1} \cdot \frac{2}{9} = \frac{8 \cdot 2}{1 \cdot 9} = \frac{16}{9} = 1\frac{7}{9}$$

$$\frac{\frac{4}{15}}{2\frac{2}{10}} = \frac{4}{15} : 2\frac{2}{10} = \frac{4}{15} : \frac{22}{10} = \frac{4}{15} \cdot \frac{10}{22} = \frac{\overset{2}{\cancel{4}} \cdot \overset{2}{\cancel{10}}}{\underset{3}{\cancel{15}} \cdot \underset{11}{\cancel{22}}} = \frac{4}{33}$$

$$\frac{3\frac{1}{2}}{2\frac{1}{3}} = 3\frac{1}{2} : 2\frac{1}{3} = \frac{7}{2} : \frac{7}{3} = \frac{7}{2} \cdot \frac{3}{7} = \frac{\overset{1}{\cancel{7}} \cdot 3}{2 \cdot \underset{1}{\cancel{7}}} = \frac{3}{2} = 1\frac{1}{2}$$

14. Aufgabe: Verwandle die folgenden Doppelbrüche in einfache Brüche bzw. in gemischte Zahlen.

a) $\frac{\frac{3}{18}}{\frac{14}{54}}$ b) $\frac{\frac{3}{4}}{\frac{9}{16}}$ c) $\frac{\frac{6}{11}}{\frac{9}{44}}$ d) $\frac{\frac{10}{21}}{\frac{15}{28}}$ e) $\frac{\frac{21}{22}}{\frac{56}{99}}$

f) $\frac{\frac{4}{5}}{\frac{6}{25}}$ g) $\frac{\frac{15}{22}}{\frac{25}{36}}$ h) $\frac{\frac{7}{9}}{21}$ i) $\frac{6}{\frac{3}{4}}$ k) $\frac{1\frac{7}{9}}{1\frac{1}{3}}$

l) $\frac{\frac{16}{17}}{1\frac{5}{51}}$ m) $\frac{\frac{5}{6}}{\frac{75}{92}}$ n) $\frac{\frac{65}{84}}{\frac{5}{7}}$ o) $\frac{\frac{68}{81}}{\frac{8}{9}}$ p) $\frac{\frac{8}{9}}{\frac{68}{81}}$

q) $\frac{7\frac{1}{5}}{\frac{7}{8}}$ r) $\frac{1\frac{4}{15}}{1\frac{17}{135}}$ s) $\frac{3\frac{5}{6}}{2\frac{1}{11}}$ t) $\frac{\frac{75}{94}}{\frac{15}{16}}$ u) $\frac{\frac{8}{69}}{\frac{12}{23}}$

v) $\frac{\frac{12}{23}}{\frac{8}{69}}$ w) $\frac{8\frac{5}{8}}{1\frac{11}{12}}$ x) $\frac{17\frac{3}{4}}{11\frac{5}{6}}$ y) $\frac{1\frac{9}{16}}{4\frac{7}{18}}$ z) $\frac{7\frac{3}{7}}{\frac{39}{49}}$

Zusammenfassung

Das hast du im 4. Kapitel gelernt: 1. Nennergleiche Brüche werden addiert (subtrahiert), indem man ihre Zähler addiert (subtrahiert) und den gemeinsamen Nenner beibehält.	$\frac{a}{c} \pm \frac{b}{c} = \frac{a \pm b}{c}; \quad c \neq 0$
2. Nicht nennergleiche Brüche müssen vor dem Addieren (Subtrahieren) durch Erweitern auf den Hauptnenner gebracht werden.	

Hauptnenner ist das kleinste gemeinsame Vielfache der bei den einzelnen Brüchen auftretenden Nenner. Der Hauptnenner kann durch Primfaktorenzerlegung ermittelt werden.	
3. Zwei Brüche werden multipliziert, indem man Zähler mit Zähler und Nenner mit Nenner multipliziert.	$\frac{a}{b} \cdot \frac{c}{d} = \frac{a \cdot c}{b \cdot d}$; $b \neq 0$, $d \neq 0$
4. Durch einen Bruch wird dividiert, indem man mit dem Kehrbruch multipliziert.	$\frac{a}{b} : \frac{c}{d} = \frac{a}{b} \cdot \frac{d}{c}$; $b \neq 0$, $c \neq 0$, $d \neq 0$
5. Doppelbrüche können vereinfacht werden, indem man den Hauptbruchstrich durch das Divisionszeichen ersetzt und die so erhaltene Divisionsaufgabe ausrechnet.	$\frac{\frac{a}{b}}{\frac{c}{d}} = \frac{a}{b} : \frac{c}{d}$; $b \neq 0$, $c \neq 0$, $d \neq 0$

Überprüfe mit den nachfolgenden Aufgaben, ob du den Stoff des 4. Kapitels beherrschst und das Gelernte auch anwenden kannst. Mehr als 3 Fehler pro Aufgabenblock sollten dir dabei nicht unterlaufen.

Test zum 4. Kapitel

Gib die Ergebnisse stets in vollständig gekürzter Form an, wenn möglich auch als gemischte Zahl.

1. a) $\frac{11}{15} + \frac{7}{15}$ b) $5\frac{3}{7} + 8\frac{6}{7}$ c) $\frac{3}{8} + \frac{7}{12}$

   d) $\frac{5}{12} + \frac{3}{16}$ e) $\frac{7}{18} + \frac{5}{24}$ f) $3\frac{5}{9} + 2\frac{7}{12}$

   g) $\frac{19}{44} + \frac{13}{28}$ h) $15\frac{15}{34} + 13\frac{35}{51}$

   i) $\frac{13}{15} + \frac{7}{25} + \frac{5}{18} + \frac{11}{20} + \frac{49}{72}$

k) $5\frac{7}{9} + 6\frac{5}{21} + 11\frac{15}{49} + 25\frac{17}{28}$

2. a) $\frac{17}{18} - \frac{5}{18}$ b) $7\frac{7}{8} - 5\frac{5}{8}$ c) $3\frac{2}{5} - 1\frac{4}{5}$

d) $\frac{25}{48} - \frac{15}{32}$ e) $\frac{20}{21} - \frac{17}{45}$ f) $\frac{17}{30} - \frac{5}{18}$

g) $12\frac{7}{18} - 4\frac{3}{4}$ h) $7\frac{16}{21} - 5\frac{11}{14}$ i) $17\frac{3}{4} - 5\frac{2}{3}$

k) $4\frac{7}{15} - 3\frac{7}{12}$

3. a) $\frac{3}{8} \cdot \frac{4}{9}$ b) $\frac{12}{25} \cdot \frac{15}{28}$ c) $\frac{5}{9} \cdot \frac{3}{5}$

d) $\frac{28}{45} \cdot \frac{25}{36}$ e) $9\frac{3}{8} \cdot \frac{4}{25}$ f) $\frac{25}{126} \cdot 7\frac{19}{50}$

g) $8\frac{7}{15} \cdot 6\frac{3}{10}$ h) $\frac{3}{4} \cdot \frac{5}{6} \cdot \frac{8}{9}$ i) $4\frac{1}{2} \cdot 5\frac{2}{3} \cdot 6\frac{3}{4}$

k) $\left(\frac{4}{5}\right)^5 \cdot \left(\frac{25}{32}\right)^2$

4. a) $\frac{9}{14} : \frac{6}{35}$ b) $\frac{5}{18} : \frac{25}{54}$ c) $\frac{56}{95} : \frac{21}{38}$

d) $68 : \frac{51}{85}$ e) $\frac{15}{23} : 25$ f) $2\frac{2}{9} : 4\frac{2}{3}$

g) $7\frac{1}{25} : 2\frac{17}{30}$ h) $2\frac{2}{15} : 1\frac{1}{35}$ i) $12\frac{1}{7} : 3\frac{5}{21}$

k) $3\frac{5}{21} : 12\frac{1}{7}$

5. Verwandle die Doppelbrüche in vollständig gekürzte einfache Brüche bzw. gemischte Zahlen:

a) $\dfrac{\frac{4}{5}}{\frac{3}{8}}$ b) $\dfrac{\frac{5}{7}}{\frac{20}{21}}$ c) $\dfrac{\frac{16}{27}}{\frac{12}{13}}$ d) $\dfrac{15}{\frac{25}{48}}$ e) $\dfrac{\frac{34}{49}}{51}$

f) $\dfrac{1\frac{7}{10}}{2\frac{11}{20}}$ g) $\dfrac{1\frac{1}{18}}{2\frac{4}{15}}$ h) $\dfrac{4\frac{11}{12}}{3\frac{5}{6}}$ i) $\dfrac{17\frac{3}{4}}{11\frac{5}{6}}$ k) $\dfrac{16\frac{3}{14}}{5\frac{4}{21}}$

Mit dem nachfolgenden Abschlußtest kannst du überprüfen, ob du den gesamten in diesem Band übermittelten Stoff beherrschst. Wenn du bei jeder der ersten zehn Aufgaben höchstens einen Fehler und bei der elften Aufgabe höchstens drei Fehler machst, dann kannst du mit deinem Erfolg zufrieden sein und der nächsten Klassenarbeit über diesen Stoff einigermaßen gelassen entgegensehen. Anderenfalls hindert dich ja sicher keiner daran, noch einmal bei Seite 9 zu beginnen.

Abschlußtest

1. Berechne.

a) $\frac{7}{9}$ von 144 DM

b) $\frac{16}{7}$ von 63 kg

c) $\frac{3}{8}$ von 2 Stunden

d) $\frac{149}{125}$ von 4 m

e) $\frac{19}{72}$ von 9 m^2

2. Gib in der in Klammern stehenden Einheit an.

a) $\frac{7}{12}$ Stunden [Min.]

b) $\frac{51}{125}$ kg [g]

c) $\frac{5}{8}$ Tage [Stunden]

d) $\frac{13}{25}$ m [cm]

e) $\frac{123}{125}$ m^3 [dm^3]

3. Fülle die Leerstellen aus.

a) $\frac{13}{25}$ von $\square$ = 39 km

b) $\frac{\square}{9}$ von 63 kg = 35 kg

c) $\frac{7}{\square}$ von 96 DM = 56 DM

d) $\frac{3}{\square}$ Stunden = 12 Min.

e) $\frac{\square}{40}$ kg = 425 g

4. Fülle die Leerstellen aus.

a) $\frac{4}{9} = \frac{36}{\square}$ b) $\frac{\square}{16} = \frac{27}{144}$ c) $\frac{19}{34} = \frac{\square}{408}$

d) $\frac{325}{\square} = \frac{25}{26}$ e) $\frac{3}{\square} = \frac{\square}{24} = \frac{36}{\square} = \frac{144}{192}$

5. Kürze vollständig.

a) $\frac{39}{91}$ b) $\frac{65}{117}$ c) $\frac{4 \cdot 12 \cdot 13}{39 \cdot 18 \cdot 36}$ d) $\frac{15 \cdot 16 \cdot 45}{18 \cdot 15 \cdot 12}$

e) $\frac{125 \cdot 33 \cdot 51 \cdot 49}{34 \cdot 50 \cdot 77 \cdot 12}$

6. Verwandle in gemischte Zahlen.

a) $\frac{77}{17}$ b) $\frac{133}{12}$ c) $\frac{215}{71}$ d) $\frac{2078}{23}$ e) $\frac{4325}{7}$

7. Verwandle in unechte Brüche.

a) $2\frac{3}{13}$ b) $4\frac{17}{18}$ c) $25\frac{25}{26}$ d) $17\frac{5}{18}$ e) $103\frac{3}{5}$

8. Schreibe das Ergebnis als gemischte Zahl.

a) 22 : 3 b) 17 : 5 c) 89 : 33 d) 223 : 15 e) 731 : 16

9. Zerlege in Primfaktoren.

a) 44 b) 138 c) 272 d) 750 e) 10 000

10. Bestimme das kleinste gemeinsame Vielfache von:

a) 24 und 80 b) 75 und 120 c) 12, 15 und 18

d) 5, 15, 55 und 88

e) 10, 12, 27, 48, 54, 72, 90, 120 und 144

11. Berechne. Gib das Ergebnis stets in vollständig gekürzter Form an und, wenn möglich, auch als gemischte Zahl.

a) $\frac{13}{15} + \frac{5}{12}$ b) $\frac{9}{20} + \frac{11}{25} + \frac{19}{30} + \frac{11}{45}$

c) $12\frac{13}{15} + 11\frac{7}{20} + 12\frac{11}{12}$

d) $\frac{7}{8} - \frac{11}{28}$

e) $53\frac{16}{45} - 23\frac{19}{60}$

f) $9\frac{4}{15} - 8\frac{9}{10}$

g) $\frac{21}{25} \cdot \frac{15}{28}$

h) $7\frac{5}{6} \cdot 11\frac{2}{3}$

i) $\left(\frac{2}{3}\right)^5 \cdot \left(1\frac{1}{8}\right)^2$

k) $\frac{16}{45} : \frac{44}{75}$

l) $2\frac{3}{5} : 26$

m) $422 : 4\frac{7}{51}$

n) $2\frac{17}{30} : 7\frac{1}{25}$

o) $\dfrac{\frac{10}{21}}{\frac{25}{28}}$

p) $\dfrac{11\frac{5}{6}}{17\frac{3}{4}}$

Lösungen zum 1. Kapitel

1. a) 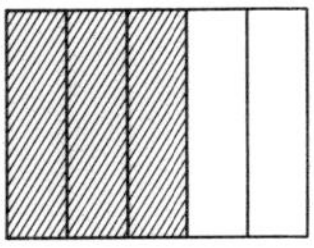
b) 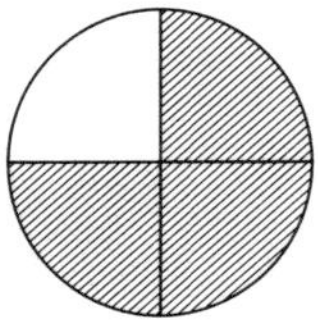
c) 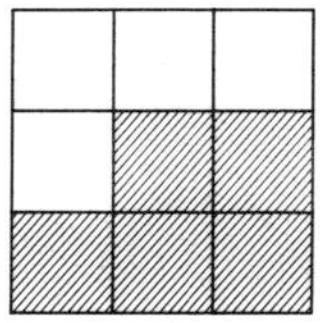
d) 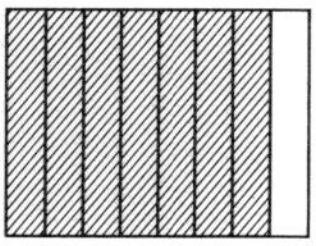
e) 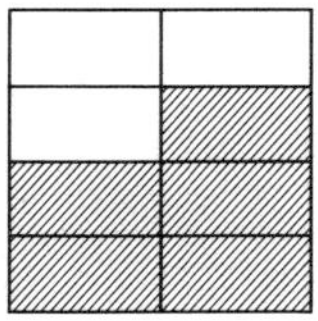
f) 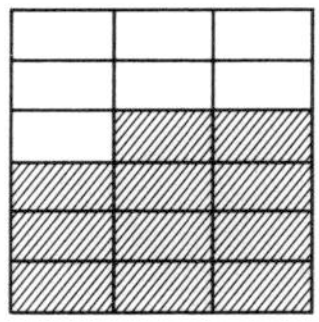
g) 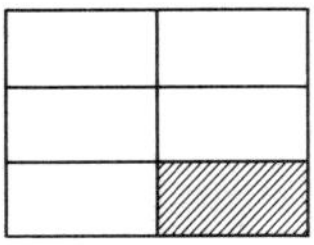
h) 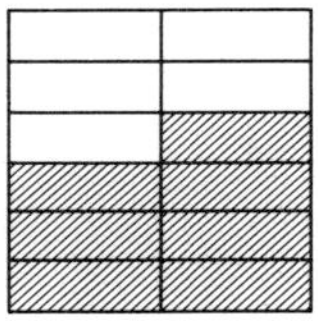
i) 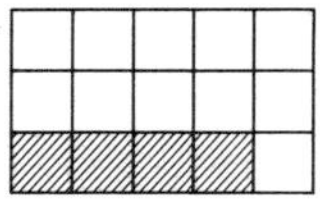
k) 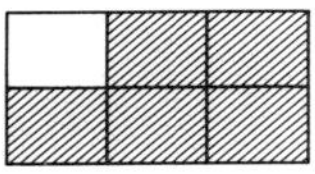

2. a) $\frac{2}{3}$ b) $\frac{7}{10}$ c) $\frac{7}{12}$ d) $\frac{5}{6}$ e) $\frac{5}{12}$
f) $\frac{11}{24}$ g) $\frac{3}{8}$ h) $\frac{11}{16}$ i) $\frac{3}{4}$ k) $\frac{6}{8}$
l) $\frac{48}{64}$ m) $\frac{48}{64}$

3. a) 81 DM b) 182 m c) 201 kg d) 82 Min.
e) 1 028 m^2 f) 280 dm^3 g) 544 kg h) 4 459 m
i) 604 DM k) 1 211 kg l) 7 106 m m) 168 m
n) 332 kg o) 3 441 DM p) 2 772 m^2

4. a) 108 Minuten = 1 Stunde 48 Minuten
b) 2 200 Sekunden = 36 Minuten 40 Sekunden
c) 20 Stunden
d) 400 Sekunden = 6 Minuten 40 Sekunden
e) 18 Stunden
f) 648 Minuten = 10 Stunden 48 Minuten

g) 1 875 g = 1 kg 875 g
h) 560 cm = 5 m 50 cm
i) 1 725 dm^2 = 17 m^2 25 dm^2
k) 46 875 mm^2 = 4 dm^2 68 cm^2 75 mm^2
l) 531 250 cm^3 = 531 dm^3 250 cm^3
m) 3 825 Sekunden = 1 Stunde 3 Minuten 45 Sekunden
n) 1 632 Minuten = 1 Tag 3 Stunden 12 Minuten
o) 1 056 mm = 1 m 5 cm 6 mm
p) 10 937 500 cm^3 = 10 m^3 937 dm^3 500 cm^3

5. a) 45 Min. b) 18 Std. c) 875 mm d) 96 Pfg.
e) 60 dm^2 f) 150 g g) 25 Min. h) 21 Std.
i) 32 g k) 406 250 cm^3 l) 875 cm^2 m) 65 cm
n) 1 360 mm^2 o) 25 Sek. p) 960 Sek. q) 690 Min.
r) 85 g s) 288 Min. t) 14 Min. u) 184 dm^3
v) 750 Sek. w) 400 Min. x) 1 275 Sek. y) 78 125 mm^2
z) 78 125 cm^3

6. a) 45 m b) 77 DM c) 42 kg d) 301 m
e) 224 DM f) 162 kg g) 180 km h) 75 m^2
i) 266 DM k) 350 m^2 l) 600 kg m) 216 DM
n) 600 km o) 825 kg p) 525 DM q) 1 500 m
r) 408 kg s) 182 DM

7. a) 3 b) 5 c) 4 d) 4 e) 3 f) 3
g) 2 h) 9 i) 9 k) 15 l) 7 m) 13
n) 12 o) 33 p) 17 q) 17 r) 25 s) 15

8. a) 5 b) 8 c) 9 d) 7 e) 17 f) 21
g) 15 h) 11 i) 22 k) 26 l) 17 m) 16
n) 38 o) 25 p) 25 q) 57

Test zum 1. Kapitel

1. a) 10 m
b) 84 kg
c) 81 Min.
d) 45 m^2
e) 36 DM
f) 160 Std. = 6 Tage 16 Std.
g) 3 375 mm = 3 m 37 cm 5 mm
h) 1 600 g = 1 kg 600 g
i) 18 750 cm^2 = 1 m^2 87 dm^2 50 cm^2
k) 2 200 dm^3 = 2 m^3 200 dm^3

2. a) 40 Sek. b) 875 g c) 10 Std. d) 28 Min. e) 625 mm

3. a) 35 m b) 3 c) 8 d) 3
e) 96 kg f) 6 g) 9 h) 8
i) 182 DM k) 7 l) 17 m) 7
n) 288 m^2 o) 5 p) 9 q) 5
r) 168 Min. s) 4 t) 11 u) 8

Lösungen zum 2. Kapitel

1. a) $\frac{21}{56}$ b) $\frac{49}{84}$ c) $\frac{35}{63}$ d) $\frac{28}{147}$ e) $\frac{63}{77}$
f) $\frac{84}{119}$ g) $\frac{91}{126}$ h) $\frac{196}{259}$ i) $\frac{315}{644}$ k) $\frac{245}{273}$

2. a) $\frac{30}{48}$ b) $\frac{60}{108}$ c) $\frac{35}{60}$ d) $\frac{88}{96}$ e) $\frac{44}{143}$
f) $\frac{525}{625}$ g) $\frac{153}{171}$ h) $\frac{120}{225}$ i) $\frac{52}{136}$ k) $\frac{360}{1470}$

3. a) $\frac{30}{60}$ b) $\frac{45}{60}$ c) $\frac{50}{60}$ d) $\frac{54}{60}$ e) $\frac{16}{60}$
f) $\frac{40}{60}$ g) $\frac{48}{60}$ h) $\frac{21}{60}$ i) $\frac{22}{60}$ k) $\frac{52}{60}$

4. a) $\frac{72}{144}$ b) $\frac{108}{144}$ c) $\frac{126}{144}$ d) $\frac{112}{144}$ e) $\frac{84}{144}$
f) $\frac{117}{144}$ g) $\frac{136}{144}$ h) $\frac{33}{144}$ i) $\frac{78}{144}$ k) $\frac{87}{144}$

5. a) $\frac{72}{96}$ b) $\frac{72}{99}$ c) $\frac{72}{100}$ d) $\frac{72}{104}$ e) $\frac{72}{102}$
f) $\frac{72}{110}$ g) $\frac{72}{162}$ h) $\frac{72}{1044}$ i) $\frac{72}{132}$ k) $\frac{72}{864}$

6. a) $\frac{8}{12}$ b) $\frac{30}{48}$ c) $\frac{45}{81}$ d) $\frac{84}{144}$ e) $\frac{72}{135}$
f) $\frac{81}{99}$ g) $\frac{24}{80}$ h) $\frac{40}{136}$ i) $\frac{85}{289}$ k) $\frac{56}{576}$

l) $\frac{88}{144}$ m) $\frac{210}{476}$

n) $\frac{3}{5} = \frac{15}{25} = \frac{24}{40} = \frac{33}{55} = \frac{39}{65} = \frac{117}{195} = \frac{114}{190}$

o) $\frac{2}{3} = \frac{8}{12} = \frac{10}{15} = \frac{34}{51} = \frac{52}{78} = \frac{122}{183} = \frac{168}{252}$

p) $\frac{4}{9} = \frac{24}{54} = \frac{88}{198} = \frac{224}{504} = \frac{128}{288} = \frac{484}{1089} = \frac{248}{558}$

q) $\frac{11}{12} = \frac{33}{36} = \frac{121}{132} = \frac{132}{144} = \frac{99}{108} = \frac{176}{192} = \frac{132}{144}$

7. a) $\frac{3}{4}$ b) $\frac{3}{5}$ c) $\frac{3}{8}$ d) $\frac{3}{5}$ e) $\frac{1}{4}$
f) $\frac{7}{12}$ g) $\frac{2}{5}$ h) $\frac{5}{6}$ i) $\frac{3}{7}$ k) $\frac{3}{5}$
l) $\frac{5}{8}$ m) $\frac{2}{3}$ n) $\frac{1}{4}$ o) $\frac{4}{9}$ p) $\frac{4}{9}$
q) $\frac{1}{3}$ r) $\frac{3}{8}$ s) $\frac{2}{3}$ t) $\frac{3}{4}$ u) $\frac{4}{9}$
v) $\frac{5}{9}$ w) $\frac{7}{8}$ x) $\frac{7}{13}$ y) $\frac{6}{11}$ z) $\frac{10}{13}$

8. a) 72 b) 72 c) 450 d) 480 e) 360
f) 2 250 g) 486 h) 720 i) 75 k) 2 160

9. a) $\frac{1}{12}$ b) $\frac{6}{11}$ c) $\frac{9}{10}$ d) $\frac{1}{2}$ e) $\frac{2}{9}$
f) $\frac{12}{35}$ g) $\frac{13}{50}$ h) $\frac{2}{7}$ i) $\frac{9}{22}$ k) $\frac{1}{5}$
l) $\frac{35}{64}$ m) $\frac{5}{42}$ n) $\frac{1}{9}$ o) $\frac{1}{8}$ p) $\frac{3}{7}$
q) $\frac{3}{4}$ r) $\frac{9}{25}$ s) $\frac{1}{3}$ t) $\frac{5}{24}$ u) $\frac{3}{20}$
v) $\frac{2}{81}$ w) $\frac{1}{12}$ x) $\frac{3}{8}$ y) $\frac{9}{50}$ z) $\frac{1}{5}$

Test zum 2. Kapitel

1. a) $\frac{21}{28}$ b) $\frac{55}{88}$ c) $\frac{90}{195}$ d) $\frac{275}{300}$ e) $\frac{221}{273}$

2. a) $\frac{96}{120}$ b) $\frac{105}{120}$ c) $\frac{104}{120}$ d) $\frac{85}{120}$ e) $\frac{80}{120}$

3. a) $\frac{180}{225}$ b) $\frac{180}{390}$ c) $\frac{180}{220}$ d) $\frac{180}{212}$ e) $\frac{180}{245}$

4. a) $\frac{28}{49}$ b) $\frac{91}{104}$ c) $\frac{55}{143}$ d) $\frac{121}{132}$ e) $\frac{120}{168}$

   f) $\frac{3}{8}$ g) $\frac{11}{12}$ h) $\frac{15}{16}$ i) $\frac{16}{25}$ k) $\frac{13}{15}$

5. a) $\frac{2}{3}$ b) $\frac{5}{8}$ c) $\frac{3}{5}$ d) $\frac{3}{5}$ e) $\frac{10}{33}$

   f) $\frac{2}{9}$ g) $\frac{1}{2}$ h) $\frac{4}{135}$ i) $\frac{1}{3}$ k) $\frac{21}{25}$

Lösungen zum 3. Kapitel

1. a) $\frac{2}{5}$ b) $\frac{4}{5}$ c) $\frac{7}{12}$ d) $\frac{3}{8}$ e) $\frac{2}{3}$

   f) $\frac{1}{4}$ g) $\frac{4}{9}$ h) $\frac{5}{14}$ i) $\frac{2}{5}$ k) $\frac{4}{5}$

   l) $\frac{8}{17}$ m) $\frac{4}{7}$ n) $\frac{6}{11}$ o) $\frac{1}{3}$ p) $\frac{6}{11}$

   q) $\frac{4}{9}$

2. a) unecht b) echt c) unecht d) unecht
   e) unecht f) echt g) unecht h) echt
   i) unecht k) echt

3. a) 35 DM b) 45 kg c) 180 m d) 184 Std.
   e) 1 584 m f) 624 kg g) 372 m h) 2 040 DM
   i) 288 km

4. a) $\frac{10}{3}$ b) $\frac{14}{3}$ c) $\frac{23}{4}$ d) $\frac{39}{5}$ e) $\frac{31}{2}$
f) $\frac{31}{8}$ g) $\frac{24}{5}$ h) $\frac{143}{12}$ i) $\frac{147}{16}$ k) $\frac{62}{5}$
l) $\frac{73}{5}$ m) $\frac{229}{15}$ n) $\frac{229}{8}$ o) $\frac{137}{14}$ p) $\frac{131}{12}$
q) $\frac{150}{7}$ r) $\frac{205}{8}$ s) $\frac{501}{14}$ t) $\frac{100}{19}$ u) $\frac{415}{12}$
v) $\frac{856}{105}$ w) $\frac{584}{15}$ x) $\frac{947}{8}$ y) $\frac{298}{17}$ z) $\frac{659}{12}$

5. a) $1\frac{2}{5}$ b) $1\frac{4}{9}$ c) $3\frac{3}{4}$ d) $5\frac{2}{3}$ e) $3\frac{1}{9}$
f) $4\frac{3}{5}$ g) $9\frac{5}{8}$ h) $41\frac{1}{2}$ i) $24\frac{1}{4}$ k) $9\frac{3}{4}$
l) $70\frac{7}{11}$ m) $14\frac{8}{17}$ n) $45\frac{11}{16}$ o) $92\frac{1}{4}$ p) $47\frac{12}{23}$

6. a) $136\frac{1}{2}$ b) $8\frac{3}{5}$ c) $10\frac{2}{7}$ d) $6\frac{7}{13}$ e) $5\frac{2}{3}$
f) $26\frac{8}{9}$ g) $31\frac{3}{4}$ h) $4\frac{9}{16}$ i) $13\frac{1}{11}$ k) $4\frac{39}{49}$
l) $31\frac{4}{11}$ m) $4\frac{17}{25}$ n) $10\frac{13}{32}$ o) $27\frac{15}{26}$ p) $19\frac{7}{18}$
q) $11\frac{5}{12}$ r) $37\frac{3}{10}$ s) $75\frac{4}{9}$ t) $51\frac{16}{17}$ u) $20\frac{1}{16}$
v) $22\frac{2}{15}$ w) $16\frac{8}{55}$ x) $198\frac{22}{45}$ y) $38\frac{33}{125}$ z) $14\frac{73}{233}$

7. a) $1\frac{1}{2}$ b) $3\frac{2}{3}$ c) $3\frac{2}{3}$ d) $5\frac{1}{3}$ e) $1\frac{3}{5}$
f) $1\frac{3}{4}$ g) $1\frac{2}{7}$ h) $1\frac{1}{3}$ i) $3\frac{2}{3}$ k) $4\frac{1}{2}$
l) $2\frac{2}{3}$ m) $2\frac{1}{4}$ n) $1\frac{5}{6}$ o) $2\frac{1}{8}$ p) $4\frac{1}{6}$

8. a) $\frac{35}{7}$ b) $\frac{15}{5}$ c) $\frac{16}{8}$ d) $\frac{84}{12}$ e) $\frac{45}{5}$

f) $\frac{36}{3}$ g) $\frac{75}{5}$ h) $\frac{169}{13}$ i) $\frac{320}{20}$ k) $\frac{400}{25}$

l) $\frac{800}{50}$ m) $\frac{1600}{100}$ n) $\frac{375}{15}$ o) $\frac{375}{25}$ p) $\frac{88}{11}$

Test zum 3. Kapitel

1. a) $\frac{23}{7}$ b) $\frac{19}{4}$ c) $\frac{113}{12}$ d) $\frac{113}{9}$ e) $\frac{386}{25}$

f) $\frac{661}{35}$ g) $\frac{435}{19}$ h) $\frac{4762}{125}$ i) $\frac{1483}{12}$ k) $\frac{4263}{17}$

2. a) $2\frac{3}{5}$ b) $6\frac{3}{4}$ c) $2\frac{1}{2}$ d) $3\frac{1}{2}$ e) $2\frac{3}{4}$

f) $1\frac{2}{3}$ g) $10\frac{2}{7}$ h) $8\frac{1}{3}$ i) $6\frac{1}{2}$ k) $2\frac{6}{7}$

3. a) $\frac{2}{3}$ b) $4\frac{1}{2}$ c) $5\frac{1}{3}$ d) $3\frac{3}{5}$ e) $1\frac{4}{5}$

f) $5\frac{1}{3}$ g) $6\frac{1}{6}$ h) $7\frac{1}{9}$ i) $6\frac{1}{2}$ k) $9\frac{3}{5}$

Lösungen zum 4. Kapitel

1. a) $\frac{7}{8}$ b) $\frac{2}{3}$ c) $1\frac{1}{3}$ d) $1\frac{1}{4}$ e) $\frac{5}{8}$

f) $1\frac{1}{7}$ g) $2\frac{1}{3}$ h) $1\frac{5}{7}$ i) $1\frac{1}{12}$ k) $\frac{23}{24}$

l) $2\frac{1}{25}$ m) 3 n) $1\frac{1}{5}$ o) $2\frac{1}{2}$ p) $1\frac{17}{23}$

q) 2 r) $1\frac{38}{39}$

2. a) $5\frac{4}{5}$ b) $8\frac{1}{2}$ c) $16\frac{5}{7}$ d) $38\frac{10}{11}$ e) $42\frac{1}{2}$
f) $7\frac{7}{8}$ g) $14\frac{1}{2}$ h) $18\frac{4}{9}$ i) $30\frac{2}{7}$ k) $18\frac{1}{6}$
l) $72\frac{5}{6}$ m) $29\frac{7}{9}$ n) $48\frac{7}{9}$ o) $40\frac{1}{7}$ p) $42\frac{4}{5}$
q) 9 r) $26\frac{13}{48}$ s) $16\frac{7}{25}$ t) $24\frac{1}{2}$

3. a) $\frac{3}{4}$ b) $1\frac{5}{12}$ c) $1\frac{7}{12}$ d) $\frac{34}{35}$ e) $\frac{7}{8}$
f) $1\frac{26}{63}$ g) $1\frac{31}{60}$ h) $1\frac{7}{40}$ i) $1\frac{1}{6}$ k) $1\frac{11}{60}$
l) $1\frac{55}{72}$ m) $\frac{23}{28}$ n) $1\frac{33}{40}$ o) $\frac{103}{126}$ p) $\frac{31}{36}$
q) $1\frac{5}{54}$ r) $\frac{23}{24}$ s) $\frac{29}{66}$ t) $\frac{29}{48}$ u) $\frac{56}{75}$
v) $1\frac{5}{36}$ w) $\frac{23}{45}$ x) $\frac{73}{120}$ y) $1\frac{19}{48}$

4. a) $2\frac{17}{60}$ b) $2\frac{1}{8}$ c) $1\frac{79}{80}$ d) $2\frac{47}{180}$
e) $1\frac{137}{150}$ f) $1\frac{137}{180}$ g) $1\frac{5}{6}$ h) $2\frac{3}{10}$
i) $\frac{89}{132}$ k) $1\frac{1}{15}$ l) $1\frac{199}{600}$ m) $2\frac{109}{300}$
n) $2\frac{13}{120}$ o) $3\frac{1}{8}$ p) $2\frac{337}{420}$ q) $2\frac{7}{10}$
r) $2\frac{341}{420}$ s) $2\frac{71}{5580}$ t) $2\frac{25}{1584}$ u) $2\frac{139}{360}$
v) $3\frac{541}{840}$ w) $3\frac{155}{168}$ x) $3\frac{61}{75}$ y) $3\frac{62}{77}$

5. a) $13\frac{5}{12}$ b) $12\frac{13}{24}$ c) $7\frac{35}{36}$ d) $16\frac{1}{10}$

e) $15\frac{17}{42}$ f) $36\frac{19}{50}$ g) $16\frac{5}{48}$ h) $8\frac{3}{35}$

i) $5\frac{22}{63}$ k) $119\frac{371}{450}$ l) $165\frac{31}{120}$ m) $185\frac{35}{72}$

n) $293\frac{19}{42}$

6. a) $\frac{1}{2}$ b) $\frac{1}{4}$ c) $\frac{1}{5}$ d) $\frac{1}{12}$ e) $\frac{13}{24}$

f) $\frac{1}{10}$ g) $\frac{1}{3}$ h) $\frac{47}{54}$ i) $\frac{31}{84}$ k) $\frac{13}{36}$

l) $\frac{15}{22}$ m) $\frac{41}{66}$ n) $\frac{29}{105}$ o) $\frac{5}{24}$ p) $\frac{29}{648}$

q) $\frac{35}{66}$

7. a) $1\frac{5}{12}$ b) $9\frac{13}{24}$ c) $3\frac{8}{15}$ d) $8\frac{13}{15}$ e) $1\frac{139}{150}$

f) $5\frac{25}{36}$ g) $3\frac{25}{48}$ h) $15\frac{71}{72}$ i) $14\frac{35}{66}$ k) $14\frac{17}{80}$

l) $\frac{17}{42}$ m) $8\frac{166}{175}$ n) $9\frac{41}{42}$ o) $13\frac{101}{567}$ p) $10\frac{19}{24}$

8. a) $\frac{3}{4}$ b) $\frac{3}{5}$ c) $\frac{2}{3}$ d) $\frac{1}{8}$ e) $\frac{4}{11}$

f) $\frac{7}{10}$ g) $\frac{3}{8}$ h) $\frac{12}{35}$ i) $\frac{3}{17}$ k) $\frac{31}{55}$

l) $\frac{9}{112}$ m) $\frac{4}{9}$ n) $\frac{10}{27}$ o) $\frac{1}{6}$ p) $\frac{11}{40}$

q) $\frac{2}{21}$ r) $16\frac{1}{2}$ s) $13\frac{4}{5}$ t) $\frac{3}{44}$ u) $\frac{1}{20}$

9. a) $8\frac{1}{3}$ b) 21 c) $10\frac{1}{2}$ d) $256\frac{1}{4}$ e) 18

f) $67\frac{1}{2}$ g) $54\frac{7}{9}$ h) $31\frac{1}{2}$ i) $9\frac{1}{4}$ k) $88\frac{1}{3}$

l) $3\,222\frac{7}{20}$ m) $862\frac{4}{5}$ n) 132 o) $294\frac{15}{16}$ p) $1\,452\frac{1}{2}$

10. a) $\frac{2}{15}$ b) $\frac{2}{33}$ c) $\frac{1}{32}$ d) $\frac{1}{3}$ e) $\frac{1}{14}$

f) $\frac{5}{18}$ g) $\frac{1}{4}$ h) 6 i) $\frac{7}{286}$ k) $\frac{9}{64}$

l) $7\frac{17}{18}$ m) $\frac{5}{49}$ n) 10 o) $283\frac{137}{192}$ p) $138\frac{3}{8}$

q) $14\,355$ r) $2\frac{7}{9}$ s) 470

11. a) $\frac{16}{81}$ b) $\frac{1}{32}$ c) $37\frac{1}{27}$ d) $5\frac{1}{16}$ e) $\frac{1}{24}$

f) $\frac{1}{250}$ g) 1 h) $1\frac{9}{40}$ i) $1\frac{3}{5}$ k) $142\frac{6}{7}$

l) $\frac{1}{64}$ m) $8\,533\frac{1}{3}$ n) $3\frac{220}{972}$ o) $22\frac{1}{2}$ p) $8\frac{8}{9}$

q) $1\frac{1}{5}$

12. a) $\frac{3}{4}$ b) $\frac{3}{4}$ c) $1\frac{1}{2}$ d) $\frac{3}{4}$ e) $3\frac{3}{4}$

f) $\frac{3}{4}$ g) $1\frac{7}{8}$ h) $17\frac{1}{2}$ i) $\frac{21}{200}$ k) $1\frac{2}{3}$

l) $1\frac{1}{12}$ m) $1\frac{1}{39}$ n) $\frac{3}{8}$ o) $1\frac{2}{3}$ p) $\frac{5}{12}$

q) $1\frac{7}{15}$ r) $\frac{24}{35}$ s) $\frac{45}{88}$ t) $1\frac{5}{9}$ u) $1\frac{7}{81}$

v) $1\frac{1}{10}$ w) $1\frac{1}{3}$ x) $40\frac{3}{5}$ y) $\frac{5}{616}$ z) $1\frac{11}{24}$

13. a) $9\frac{1}{5}$ b) $\frac{3}{10}$ c) $\frac{5}{8}$ d) $24\frac{3}{4}$ e) $\frac{1}{7}$

f) $\frac{9}{20}$ g) $\frac{135}{226}$ h) $1\frac{17}{82}$ i) $2\frac{95}{101}$ k) $\frac{340}{921}$

l) $\frac{70}{81}$ m) 4 n) $\frac{5}{9}$ o) $\frac{18}{35}$ p) $1\frac{13}{14}$

q) $1\frac{13}{35}$ r) $1\frac{7}{8}$ s) $2\frac{31}{72}$ t) $\frac{11}{28}$ u) $2\frac{11}{12}$

v) $3\frac{1}{3}$ w) $\frac{243}{343}$ x) $\frac{35}{96}$ y) $\frac{14}{27}$ z) $\frac{112}{117}$

14. a) $\frac{9}{14}$ b) $1\frac{1}{3}$ c) $2\frac{2}{3}$ d) $\frac{8}{9}$ e) $1\frac{11}{16}$

f) $3\frac{1}{3}$ g) $\frac{54}{55}$ h) $\frac{1}{27}$ i) 8 k) $1\frac{1}{3}$

l) $\frac{6}{7}$ m) $1\frac{1}{45}$ n) $1\frac{1}{12}$ o) $\frac{17}{18}$ p) $1\frac{1}{17}$

q) $8\frac{8}{35}$ r) $1\frac{1}{8}$ s) $1\frac{5}{6}$ t) $\frac{40}{47}$ u) $\frac{2}{9}$

v) $4\frac{1}{2}$ w) $4\frac{1}{2}$ x) $1\frac{1}{2}$ y) $\frac{225}{632}$ z) $9\frac{1}{3}$

Test zum 4. Kapitel

1. a) $1\frac{1}{5}$ b) $14\frac{2}{7}$ c) $\frac{23}{24}$ d) $\frac{29}{48}$ e) $\frac{43}{72}$

f) $6\frac{5}{36}$ g) $\frac{69}{77}$ h) $29\frac{13}{102}$ i) $2\frac{131}{200}$ k) $48\frac{1639}{1764}$

2. a) $\frac{2}{3}$ b) $2\frac{1}{4}$ c) $1\frac{3}{5}$ d) $\frac{5}{96}$ e) $\frac{181}{315}$

f) $\frac{13}{45}$ g) $7\frac{23}{36}$ h) $1\frac{41}{42}$ i) $12\frac{1}{12}$ k) $\frac{53}{60}$

3. a) $\frac{1}{6}$ b) $\frac{9}{35}$ c) $\frac{1}{3}$ d) $\frac{35}{81}$ e) $1\frac{1}{2}$

f) $1\frac{13}{28}$ g) $53\frac{17}{50}$ h) $\frac{5}{9}$ i) $172\frac{1}{8}$ k) $\frac{1}{5}$

4. a) $3\frac{3}{4}$ b) $\frac{3}{5}$ c) $1\frac{1}{15}$ d) $113\frac{1}{3}$ e) $\frac{3}{115}$

f) $\frac{10}{21}$ g) $2\frac{26}{35}$ h) $2\frac{2}{27}$ i) $3\frac{3}{4}$ k) $\frac{4}{15}$

5. a) $2\frac{2}{15}$ b) $\frac{3}{4}$ c) $\frac{52}{81}$ d) $28\frac{4}{5}$ e) $\frac{2}{147}$

f) $\frac{2}{3}$ g) $\frac{95}{204}$ h) $1\frac{13}{46}$ i) $1\frac{1}{2}$ k) $3\frac{9}{109}$

Abschlußtest

1. a) 112 DM b) 144 kg c) 45 min. d) 4768 mm
e) 23 750 cm^2 = 2 m^2 37 dm^2 50 cm^2

2. a) 35 min. b) 408 g c) 15 Stunden d) 52 cm
e) 984 dm^3

3. a) 75 km b) 5 c) 12 d) 15 e) 17

4. a) 81 b) 3 c) 228 d) 338

e) $\frac{3}{4} = \frac{18}{24} = \frac{36}{48} = \frac{144}{192}$

5. a) $\frac{3}{7}$ b) $\frac{5}{9}$ c) $\frac{2}{81}$ d) $\frac{10}{3}$ e) $\frac{105}{16}$

6. a) $4\frac{9}{17}$ b) $11\frac{1}{12}$ c) $3\frac{2}{71}$ d) $90\frac{8}{23}$ e) $617\frac{6}{7}$

7. a) $\frac{29}{13}$ b) $\frac{89}{18}$ c) $\frac{675}{26}$ d) $\frac{311}{18}$ e) $\frac{518}{5}$

8. a) $7\frac{1}{3}$ b) $3\frac{2}{5}$ c) $2\frac{23}{33}$ d) $14\frac{13}{15}$ e) $45\frac{11}{16}$

9. a) $2 \cdot 2 \cdot 11$ b) $2 \cdot 3 \cdot 23$ c) $2 \cdot 2 \cdot 2 \cdot 2 \cdot 17$

d) $2 \cdot 3 \cdot 5 \cdot 5 \cdot 5$ e) $2 \cdot 2 \cdot 2 \cdot 2 \cdot 5 \cdot 5 \cdot 5 \cdot 5$

10. a) 240 b) 600 c) 180 d) 6 600 e) 1 080

11. a) $1\frac{17}{60}$ b) $1\frac{691}{900}$ c) $37\frac{2}{15}$ d) $\frac{27}{56}$ e) $30\frac{7}{180}$

f) $\frac{11}{30}$ g) $\frac{9}{20}$ h) $91\frac{7}{18}$ i) $\frac{1}{6}$ k) $\frac{20}{33}$

l) $\frac{1}{10}$ m) 102 n) $\frac{35}{96}$ o) $\frac{8}{15}$ p) $\frac{2}{3}$